Kurt Wasserfall

K.
L.
A.
R.

Stress nicht so rum, ich find schon 'nen Job!

Impressum

Titel
Kurz – **L**eicht – **A**ktuell – **R**eal
Stress nicht so rum, ich find schon 'nen Job!

Autor
Kurt Wasserfall

Umschlagmotive
Jugendlicher: © Klaus Eppele – stock.adobe.com;
Mauerstruktur: © javarman – stock.adobe.com

Illustrationen im Innenteil
Kapitel-Icon: © Verlag an der Ruhr;
Pausen-Icon: © blankstock – stock.adobe.com

Druck
Heenemann GmbH & Co. KG, Berlin, DE

Verlag an der Ruhr
www.verlagruhr.de
info@verlagruhr.de

PEFC-zertifiziert

Dieses Produkt
stammt aus
nachhaltig
bewirtschafteten
Wäldern

PEFC/04-31-1156   www.pefc.de

Ab 12 Jahre

© 2010, Verlag an der Ruhr GmbH,
Wilhelmstr. 20, 45468 Mülheim an der Ruhr
Nachdruck 2025
ISBN 978-3-8346-0672-3

Über den Autor

Bevor du dieses Buch liest, möchte ich mich dir kurz vorstellen.

Mein Name ist Kurt Wasserfall. Ich lebe mit meiner Familie in Jagdhaus, einem kleinen Ort im Sauerland.

Ich bin schon seit vielen Jahren als freier Autor für Kinder- und Jugendbücher tätig. Für mich ist das Schreiben von Büchern der beste Beruf der Welt. Neben dem Schreiben ist das Theater eine große Leidenschaft von mir. Und so habe ich nach meinem Studium schon an verschiedenen Theatern als Regieassistent und Schauspieler gearbeitet. Heute führe ich Theaterprojekte mit Jugendlichen durch, gebe Kurse zum „freien Erzählen" und im kreativen Schreiben. Am liebsten aber verreise ich. Fremde Länder und neue Menschen kennenzulernen ist spannend und macht einfach Spaß.

Kein Autor weiß alles. Deshalb möchte ich mich an dieser Stelle bei Menschen bedanken, die mich beim Schreiben dieses Buches mit Informationen „gefüttert" haben: Zum einen bei Thorsten Salomon, der einen eigenen Landschaftsbaubetrieb hat und von dem ich viel über den Beruf als Gärtner bzw. Gärtnerin im Landschaftsbau erfahren habe.

Zum anderen bei Stefan Bohland, der Tierpfleger im Tiergarten in Dortmund ist. Er hat mir Spannendes und Lustiges über die Arbeit im Zoo erzählt. Sein Spezialgebiet sind Kängurus und Giraffen.

1

„Bastian Richter!", rief der Schulleiter laut. Jetzt wurde er aufgerufen, Bastian erhob sich langsam.

„He Basti, du alter Streber!", rief jemand. Bastian fasste in die hintere Hosentasche seiner Jeans, da knisterte das Papier. Die Bestätigung. Die hatte er in der Tasche und das war ein gutes Gefühl.

Lässig drängte er sich durch die Reihe und warf kurz einen Blick zu Fatma, die ihm zulächelte. Er ging nach vorn.

„Ich freue mich", sagte der Schulleiter, „dir heute dein Abschlusszeugnis überreichen zu dürfen. Es ist eins der besten dieses Jahrgangs."

Bastian musste grinsen. Er freute sich über das Lob. Der Schulleiter redete weiter. Bastian dachte an den Brief in seiner Tasche. Eigentlich brauchte er so ein gutes Zeugnis gar nicht.

Er wollte nach der 10. Klasse keine stinknormale Ausbildung beginnen. Er wollte auch nicht auf eine weiterführende Schule gehen. Nein, er hatte ganz andere Pläne.

„Ich wünsche dir viel Erfolg auf deinem Lebensweg", sagte der Schulleiter und hielt Bastian das Zeugnis hin. Bastian nahm es und bedankte sich. Eine dunkle Wolke tauchte in seinen Gedanken auf und verdüsterte für einen Moment sein Gesicht. Seine Mutter war nicht zur Abschlussfeier gekommen. Mit seinem Vater hatte er schon gar nicht gerechnet, der fuhr mal wieder eine Sonderschicht. Aber seine Mutter hätte sich ja mal frei nehmen können.

„Auf das Geld können wir nicht verzichten", hatte sie erklärt.

Na egal, dachte Bastian.

Die Schulband spielte einen Tusch. Alle in der Aula applaudierten, Bastian hielt sein Zeugnis hoch.

Seine Freundin Fatma rief: „Bravo, bravo!"

Die anderen Lehrkräfte gratulierten ihm. Bastian lächelte und gab allen einzeln die Hand.

Euch seh ich nie wieder, dachte er. Und das machte ihn irgendwie glücklich. Er würde eine Blitzkarriere hinlegen, dass die hier alle noch staunen würden. Er kehrte an seinen Platz zurück.

Es gab ein paar wenige Schüler und Schülerinnen, die noch besser als Bastian abge-
schnitten hatten. In seiner Rede hob der
Schulleiter stolz hervor, dass alle von ihnen
weiterführende Schulen besuchen würden.
„Nur ich nicht", dachte Bastian. „Ich geh
meinen eigenen Weg."
Damit war der offizielle Teil der Veranstaltung
beendet. Endlich wurde es unterhaltsamer.
Die Kabarettgruppe trat auf. Die Lehrkräfte
wurden so richtig durch den Kakao
gezogen. Aber es war nicht böse gemeint.
Auch die Lehrer und Lehrerinnen konnten
über die Anspielungen lachen.
Die Schulband spielte wieder, dann wurde
das Buffet eröffnet. Eltern, Lehrkräfte und
Schüler und Schülerinnen bedienten sich.
Bastian holte sich eine Cola und ging zu
Fatma.
Mit Fatma war er seit drei Monaten fest
zusammen.
„Mein Zeugnis ist nicht so gut wie deins",
sagte sie und zuckte mit der Schulter.
„Macht doch nichts", sagte Bastian und legte

den Arm um ihre Schulter. „Wen interessiert das noch?"

„Na mich", meinte Fatma. „Damit finde ich nie einen Ausbildungsplatz. Die starren doch immer alle nur auf die Zensuren."

„Du musst positiver denken", munterte Bastian sie auf.

Er wusste, dass Fatma bestimmt schon dreißig Bewerbungen losgeschickt und bisher nur Absagen bekommen hatte.

„Komm, ich muss dir was zeigen", sagte er und zog Fatma in eine ruhige Ecke.

Er holte den Brief aus der Tasche.

„Hier, hab ich gestern bekommen", sagte er. Fatma las ihn, dann strahlte sie. „Gratuliere! Eh, das ist doch supergeil!"

Bastian nickte stolz.

„Morgen geh ich zum Casting. Du musst mir die Daumen drücken."

„Klar", sagte Fatma. Sie freute sich wirklich mit ihm.

Sie gingen wieder zurück zu ihrer Klasse. Das Gesprächsthema war natürlich, wer hat schon einen Ausbildungsplatz und wer geht zum Berufskolleg und so weiter. Und immer wieder hörte Bastian, wie die Eltern sich gegenseitig versicherten, dass das A und O eine gute Ausbildung sei.

Bastian konnte den Quatsch bald nicht mehr hören. Und er mochte nicht über seine speziellen Pläne reden. Das würden die sowieso nicht verstehen. Nicht mal seine Eltern wussten von dem Brief. Nur Fatma. Und die fand es toll, was er vorhatte.

Wenig später gingen Bastian und Fatma Hand in Hand aus der Schule.

„Hier müssen wir nie wieder hin", sagte Fatma.

„Seh ich dich heute noch mal?", fragte Bastian.

„Vielleicht", meinte Fatma. „Ich muss noch ein paar Bewerbungen schreiben. Heute Abend geben meine Eltern ein Festessen. Da kommt, glaube ich, die ganze Verwandtschaft. Wenn du magst, kannst du auch kommen."

„Ich weiß nicht", sagte Bastian. Auf Fatmas Familie hatte er heute keine Lust.

Er wollte keine Fragen, wie es mit ihm weitergehen würde.

Er verabschiedete sich von Fatma mit einem Kuss.

„Ruf mich an", sagte Fatma. „Ich will wissen, wie es gelaufen ist."

Als Bastians Mutter am späten Nachmittag von der Arbeit kam, ließ sie sich als Erstes das Abschlusszeugnis zeigen. Sie war überrascht.

„He, mein Sohnemann", sagte sie, „ich wusste ja gar nicht, dass du so gut in der Schule warst."

„Sohnemann", dachte Bastian abfällig, „das hätte sie sich sparen können."

„Da wird sich dein Vater aber freuen", sagte sie. „Er hat es ja wirklich nicht leicht im Moment. Sein Rücken ist gar nicht gut."

Sie redete weiter, während sie in der Küche herumräumte.

Die Rückenschmerzen seines Vaters interessierten Bastian wirklich nicht.

„Und ich muss dauernd Überstunden machen", beklagte sich die Mutter. „Zwei sind krankgeschrieben. Aber dass die mal eine Zusatzkraft einstellen, auf die Idee kommen sie nicht."

Bastians Mutter arbeitete als Laborfachkraft für eine Firma, die Kosmetika herstellte.

„Sie könnte wenigstens mal fragen, was ich mit so einem guten Zeugnis machen will", dachte Bastian.

Er verzog sich in sein Zimmer. Aber genau genommen, wollte er es ihnen ja sowieso nicht erzählen. Erst morgen, erst wenn er wusste, dass sie ihn nehmen würden. Dann würde er zu ihnen sagen: „So Leute, ich geh zum Film. Ich werde Schauspieler. Hier hab ich meine erste Rolle, und jetzt mach ich Karriere!"

Morgen hatte er den ersten Castingtermin für einen Film, im Hotel Bristol.

2

Als Bastian einen Tag später in der U-Bahn Richtung Rathausplatz saß, war er aufgeregt. Sein Mund war trocken wie Schmirgelpapier. Er nahm ein Kaugummi und versuchte, einen coolen Eindruck zu machen.

Das Hotel Bristol hatte eine breite Eingangstreppe, an beiden Seiten gesäumt von schlanken Buchsbäumen in Granittöpfen. Bastian ging durch die Drehtür und betrat eine Welt aus Marmor, glitzernden Spiegeln und schweren Ledersesseln.

Wow!, schoss es Bastian durch den Kopf. Das war ja wie im Kino. Fehlte nur noch, dass Bruce Willis dahergeschlendert kam. Bastian machte ein paar Schritte und drehte sich zur Seite. Er stand genau vor seinem Spiegelbild. Gut sah er aus. Groß und athletisch, obwohl er kaum Sport machte. Er nickte sich zu. Diese ganze Glitzerwelt würde ihn nicht einschüchtern. Entschlossen ging er weiter in die Halle und tat so, als wisse er genau, wohin er wollte. Auf einer Stelltafel stand: *Pandora Casting. Lounge 1. Etage, Konferenzräume 112−115.*

Die Lounge entpuppte sich als eine Bar mit kleinen Tischen und bequemen Sesseln.

An der Bar war keine Bedienung, dafür waren alle Sessel besetzt, außerdem standen noch etliche Leute herum.

„Sind die alle wegen dem Casting hier?", fragte sich Bastian. Damit hatte er nicht gerechnet. Ein älterer Mann mit kunstvoll gestutztem Bart sprach ihn an: „Na, willst du auch zum Casting?"

„Ja sicher", antwortete Bastian. „Ist ja viel los hier."

„Pandora Film Gesellschaft", erwiderte der Mann und nickte. „Das kann dauern. Ich kenn das."

„Aber …", setzte Bastian an, dann schwieg er. Der Mann sah ihn an und fragte: „Bist du zum ersten Mal bei einem Casting?"

„Nein, nein, das nicht", log Bastian. Er wollte nicht unwissend wirken.

„Ich auch nicht", sagte der Mann. „Aber hier bekommt man noch nicht mal was zu trinken. Die von der Fujika sind da ganz anders. Da wird man richtig gut verpflegt. Bei meinem letzten Casting musste ich vier Stunden warten. Hat sich aber gelohnt."

„Vier Stunden?" Bastian glaubte, nicht richtig gehört zu haben.

„Dafür haben sie mich auch genommen", fuhr der Mann fort. „Ich musste vor ein Taxi rennen, das dann knapp an mir vorbeirauschte. In dem Taxi saß die Kommissarin, war so eine Verfolgungsjagd."

„Und dann?", fragte Bastian.

„Na ja, das war meine Rolle. Der Film wurde noch nicht ausgestrahlt. Und du? Bei welchem Film warst du dabei?"

„Ach ja, ich", stotterte Bastian und wurde rot. „Ja, bei so einem Teeniefilm …"

„Und, was hattest du für eine Rolle?"

„Blöde Frage", dachte Bastian. Er überlegte krampfhaft, was für einen Teeniefilm er kannte. Zum Glück kam in dem Augenblick eine Frau mit einem Klemmbrett unterm Arm und einem Stapel Zettel in der Hand. Sie baute sich in der Mitte der Lounge auf. Alle sahen sie gespannt an.

„Bitte füllen Sie diese Zettel aus: Alter, Größe, Haarfarbe. Danach werden von einigen ein paar Fotos gemacht", verkündete sie.

Alle holten sich die Zettel, auch Bastian. Er lieh sich von dem bärtigen Mann einen Kuli und füllte den Zettel aus.

Die Zettel wurden eingesammelt, die Frau verschwand wieder.

„Und jetzt?", fragte Bastian.

„Warten", antwortete der Mann. „Wenn sie ein Foto wollen, ist man einen Schritt weiter."

„Ich such mal einen Getränkeautomaten", sagte Bastian.

Er eilte einen Gang entlang, einen Automaten konnte er aber nirgends entdecken. Er hätte gut einen Schluck Wasser vertragen können. Dafür fand er eine Toilette. Er trank aus dem Wasserhahn und betrachtete sich wieder im Spiegel. Plötzlich fand er sich überhaupt nicht mehr gut aussehend. Irgendwie lief das Ganze anders, als er gedacht hatte.

Als er zurück in die Lounge kam, zog ihn der ältere Mann zur Seite: „Was machst du denn sonst so?"

„Mit der Schule bin ich fertig", sagte Bastian. „Na ja, und jetzt bin ich hier."

Der Mann sah ihn zweifelnd an.

„Vielleicht werd ich Schauspieler", sagte Bastian.

Es sollte selbstsicher klingen, tat es aber nicht.

In dem Moment kam die Frau zurück. Sie stellte sich wieder in die Mitte und verkündigte: „Wir hätten gern noch ein paar Fotos. Nicht von allen, ich rufe die Namen auf. Die anderen werden in unsere Komparsenkartei aufgenommen."

Sie begann die Namen aufzurufen.

Bastians Herz klopfte vor Aufregung.

Noch immer wurde sein Name nicht genannt. Erst ganz zum Schluss. „Bastian Richter."

„Yes!", flüsterte er leise und ballte die Fäuste.

„Das heißt noch nichts", sagte der bärtige Mann. „Mich haben sie schon so oft fotografiert."

Langsam leerte sich die Lounge, ungefähr zwölf Leute blieben. Wieder mussten sie warten.

„Also ich merk schon", sagte der Mann.

„Du willst Schauspieler werden."

„Ja klar", sagte Bastian, er war jetzt wieder in Hochstimmung. „Ich werde Schauspieler und berühmt. Das hier wird meine erste Rolle."

„Na ja, so einfach ist das nicht", sagte der Mann.

Sie wurden nacheinander aufgerufen. Bastian ging nach dem Mann in den Raum zum Fotografieren. Er musste sich vor eine weiße Leinwand stellen. Dann wurden ein paar Fotos von ihm geschossen.

Als er in die Lounge zurückkam, sprach ihn der bärtige Mann gleich wieder an: „Ich will dich ja nicht enttäuschen, aber hier geht es um eine Komparsenrolle. Damit wird man nicht berühmt."

„Halt doch die Klappe", dachte Bastian genervt.

„Im Ernst", fuhr der Mann fort. „Wenn du Schauspieler werden willst, musst du auf eine Schauspielschule gehen. So läuft das."

„Ich schaff das schon", sagte Bastian.

Er fand den Mann ziemlich aufdringlich.

„So kleine Nebenrollen, das macht man, weil es einem Spaß macht. Das große Geld kann man damit nicht verdienen."

Bastian hörte nicht mehr zu.

Nach etwa einer Dreiviertelstunde tauchte die Frau wieder auf.

„Von einigen möchten wir noch ein paar Sätze hören", sagte sie. „Den anderen danken wir. Auch sie sind jetzt in unserer Kartei und werden bei Bedarf benachrichtigt."

Wieder nannte sie ungefähr acht Namen. Bastian war dabei, der bärtige Mann nicht. Bastian grinste, der Mann zuckte mit der Schulter und sagte: „Ich bin ihnen zu alt. Beim nächsten Mal klappt es vielleicht. Aber du, mach dir bloß nicht zu viele Hoffnungen."

„Alter Neidhammel", dachte Bastian. Immerhin war er noch im Rennen.

Diesmal musste er nicht lange warten.

Die Frau bat ihn in den Konferenzraum.

Vorne stand ein Podest, so eine Art kleine Bühne. Ein paar Männer und Frauen saßen davor und blickten ihn an.

„Stell dich auf das Podest", forderte ihn die Frau auf.

Bastian stieg auf das Podest.

„Ganz locker", sagte sie. „Wir wollen nur ein paar Sätze hören."

„Okay", sagte Bastian. Er räusperte sich, seine Hände waren schweißnass.

„Was soll ich sagen?"

„Kannst du bitte sagen: ‚Weiß ich doch nicht, Alter, warum die immer so'n Krach machen.'"

„Was soll ich?" Bastian hatte den Satz nicht richtig kapiert.

Die Frau wiederholte: „Weiß ich doch nicht Alter, warum die immer so'n Krach machen."

Bastian schluckte, dann sagte er den komischen Satz.

„Danke", sagte die Frau. „Und diesen Satz bitte: ‚Wenn wir uns nicht beeilen, kommen wir zu spät.'"

Bastian sprach den Satz nach, diesmal deutlicher. Klang doch richtig cool, dachte er. Er durfte wieder in die Lounge gehen.

Kurz darauf kam die Frau aus dem Konferenzraum, schaute sich um und steuerte schließlich auf Bastian zu.

„Tja Bastian, du passt leider nicht für diese Rolle. Aber wir haben dich ja jetzt in der Kartei. Also wenn wir mal so einen Typen wie dich brauchen, hörst du von uns."

Sie drehte sich um und ging mit dem Nächsten in den Konferenzraum.

Bastian stand wie vom Donner gerührt da.
Damit hatte er überhaupt nicht mehr gerechnet. Warum hatte er denn dann die
albernen Sätze nachplappern sollen, wenn
sie ihn jetzt nicht wollten? War das jetzt das
Aus für seine Karriere als Filmstar? Bastian
verließ wie in Trance das Hotel. Sein Kopf
schmerzte und er hatte weiche Knie.
Auf dem Heimweg fühlte er sich total leer.
Als wäre er bei einem Marathonlauf knapp
vor dem Ziel zusammengebrochen.
Zu Hause ging er gleich in sein Zimmer
und warf sich aufs Bett. Er stierte an die
Decke, als würde da was Spannendes
passieren. Aber da war nichts.
Später, noch immer völlig blöde im Kopf,
schaltete er seinen PC an. Er googelte
‚Beruf Schauspieler‘.
Wow! Über 2 Millionen Ergebnisse. Er ging
auf die Seite einer Schauspielschule, dann
klickte er sich bis zur Eignungsprüfung durch.
Mann o Mann, was die alles wollten!
Drei erarbeitete Rollenausschnitte, einen
klassischen, einen modernen, eine selbst-

ausgedachte Szene. Was, bitte sehr, waren denn Rollenausschnitte? Bastian merkte überhaupt nicht, dass sein Vater in sein Zimmer gekommen war und ihm über die Schulter schaute.

„Was machst du denn da?", fragte sein Vater plötzlich direkt hinter ihm.

Das klang nicht gut. Bastian wollte schnell die Seiten schließen, doch der Vater zog seine Hand weg. Zu spät.

3

„L ass mich mal sehen", forderte sein Vater. Widerwillig machte Bastian ihm Platz. Er konnte die schlechte Laune seines Vaters beinahe riechen.

„Schauspielschule? Was ist das?"

Bastian schwieg.

„Deine Mutter meinte, dass du so ein gutes Abschlusszeugnis hast?"

„Du hast es dir ja noch nicht mal angesehen", dachte Bastian.

„Wenn ich das richtig verstehe", fuhr sein Vater fort, „dann hast du also vor, Schauspieler zu werden?"

Bastian schwieg noch immer.

„Sag schon! Wozu schaust du dir sonst so was an?"

„Ich wollte nur mal sehen …"

Der Vater starrte noch einen Augenblick auf den Bildschirm, dann drehte er sich um und fixierte Bastian.

„Hast du überhaupt schon eine vernünftige Bewerbung losgeschickt?", wollte er wissen.

„Wie meinst du das?"

„Du weißt genau, was ich meine.

Außer diesem Quatsch hier. Eine Bewerbung. Als Mechatroniker oder so."

„Ich will nicht Mechatroniker werden", erwiderte Bastian.

Der Vater schob den Stuhl zurück, stemmte die Arme auf den Tisch und stand auf. Alles wie in Zeitlupe. Er steckte eine Hand in die Hosentasche, ging Richtung Tür, dann drehte er sich noch einmal um.

„Noch keine einzige Bewerbung?", hakte der Vater nach.

Bastian schüttelte den Kopf. Plötzlich war der Raum aufgeladen von Aggression.

„Du Vollpfosten", schimpfte sein Vater. „Du glaubst doch nicht im Ernst, dass du …"

„Ich hab doch nur so …"

Aber jeder Widerspruch von Bastians Seite war jetzt zu viel. Sein Vater brüllte los. Bastian hörte überhaupt nicht hin. Er drängte sich an ihm vorbei durch die Tür.

Der Vater stürzte hinter ihm her. Bastian machte drei große Schritte zur Wohnungstür und riss sie auf. Sein Vater hielt ihn am Ärmel fest. Bastian schüttelte ihn ab.

„Ich geb dir genau einen Monat, eine anständige Ausbildungsstelle zu finden. Kapiert?

Einen Monat, keinen Tag länger!", schrie sein Vater ihm nach, als Bastian schon im Treppenhaus war.

Er verabredete sich mit Fatma auf halbem Weg bei McDonalds.

„Das tut mir leid für dich", tröstete ihn Fatma.

„Warum haben sie mich nicht genommen?", fragte er Fatma vorwurfsvoll.

„Ich hab auch nur Absagen bekommen", antwortete Fatma hilflos. Ihre Laune war auch nicht gerade besser als seine.

„Aber du darfst nicht so schnell aufgeben …"

„Eignungsprüfung", schnaubte Bastian wütend. „Klassischer Rollenausschnitt. Die spinnen doch alle!"

„Ich gebe meinen Traum auch nicht so schnell auf", sagte Fatma.

„Bei dir ist das auch was anderes", erwiderte Bastian. „Du willst einen ‚anständigen' Beruf lernen. Aber ich will Karriere machen. Mit allem drum und dran."

„Dann musst du dafür kämpfen."

„Ich weiß nicht …"

„Wenn ich erst Schneiderin bin, dann …"
Fatma überlegte einen Moment, dann
huschte so etwas wie ein Leuchten über
ihr Gesicht.
„Ich werde in die Türkei fahren und Stoffe
suchen, die einfach wunderschön sind.
Auf dem Basar in Istanbul bekommst du
Stoffe, die es sonst nirgends auf der Welt
gibt. Und daraus mach ich dann die aus-
gefallensten Kleider."
Bastian hörte gar nicht richtig hin. Seine
Karriere als Filmstar kam ihm plötzlich vor
wie … nein, er wusste nicht, wie es ihm vorkam. Verkehrt, ja, irgendwie war das alles
verkehrt, und er steckte mitten in diesem
Schlamassel.
„Wir sehen uns morgen", riss ihn Fatma aus
seinen Gedanken. „Ich muss jetzt gehen.
Vergiss deinen Vater."
Weg war sie, ohne Kuss. Einfach so. Aber
das spielte auch keine Rolle mehr.

Als Bastian spätabends nach Hause kam,
schlich er unbemerkt in sein Zimmer und

legte sich ins Bett. Und jetzt? Wie sollte das jetzt weitergehen? Er hatte keine Ahnung. Der Typ von der Agentur für Arbeit fiel ihm ein. Der war mal in ihre Klasse gekommen und hatte von der Berufsberatung und so geredet. Wie wichtig es wäre, einen Ausbildungsplatz zu finden. Die Agentur für Arbeit würde selbstverständlich dabei helfen. Es gäbe auch Motivationskurse.

Was sollte er mit Motivationskursen? Kämpfen, hatte Fatma gesagt. Aber wie und wofür? Die Schauspielerei konnte er vergessen. Und sonst wusste er nichts.

Ein paar Tage später entschloss er sich, bei der Agentur für Arbeit anzurufen. Er suchte die Nummer heraus und ließ sich einen Beratungstermin geben. Das klappte sogar. Am Montag ging er hin. Der Berufsberater war eigentlich ganz freundlich. Er bot ihm sogar eine Tasse Kaffee an. Bastian lehnte dankend ab.

„Tja", begann der Berater. „Du bist ja schon ein bisschen spät dran."

„Ich weiß", gab Bastian zu. „Gibt's denn noch eine Chance auf einen Ausbildungsplatz?"

„Ich will mal sehen, was ich für dich tun kann." Der Berater lachte. „Ist ja schließlich mein Beruf. Dein Notendurchschnitt ist ja wirklich gut. Und du willst definitiv nicht auf eine weiterführende Schule?"

Bastian schüttelte den Kopf.

„Ein paar wenige Ausbildungsplätze sind im Moment noch frei. Ich druck dir die Adressen mal aus."

Der Drucker ratterte, der Berater gab Bastian ein Blatt Papier.

„Hier, das ist doch schon mal ein Anfang. Wenn du Hilfe brauchst, bin ich gerne für dich da."

Dann stand er auch schon wieder vor der Tür. Auf dem Flur studierte Bastian die Liste. Ein Ausbildungsplatz als Fleischer und einer als … Bastian musste zwei Mal hinsehen, als er das las – Bestattungsfachkraft?

Was war das denn? Er sollte Totenwäscher werden? Bei einer Beerdigungsfirma? Bastian schüttelte ungläubig den Kopf. Das musste er sich ansehen. Unbedingt!

Er nahm den nächsten Bus und fuhr bis zur Regattastraße. Dort stieg er aus und ging zu der angegebenen Adresse. Wirklich, ein Bestattungsinstitut. Bastian ging an dem Geschäft vorbei und sah in das Schaufenster. Da war ein Sarg, daneben ein Gefäß, das so aussah wie ein Blumentopf mit Deckel.
„Das ist ja wie im Horrorfilm", dachte er.
„Ich mach Karriere als Totenfutzi. He Leute, ich schmink euch für die Würmer!"
Bastian lachte auf. Die wollten ihn verarschen. Oder war er hier im falschen Film? Nein, wie es schien nicht! Denn aus der Einfahrt kam ein Leichenwagen mit schwarz verhängten Fenstern und dem Firmenlogo an der Seite herausgefahren. Der Wagen bog auf die Straße ein und fuhr davon.
Da wird der nächste Kunde geholt, schoss es Bastian durch den Kopf.

Als er am nächsten Tag bei Fatma war und davon erzählte, fand er es nur noch komisch.
„Wenn du Lust hast, kannst du eine wunderschöne Beerdigung von mir bekommen",

kicherte er. „Wie möchten Sie denn beerdigt werden? Mit Eiche oder lieber im Segeltuch? Ich hätte auch ein Grab neben Michael Jackson im Angebot!"

Bastian kam aus dem Lachen nicht mehr raus. Fatma fand das nicht so lustig.

„Und was ist mit dem Fleischer?", erkundigte sie sich vorsichtig.

„Spinnst du!", rief Bastian.

„Dann weiß ich auch nicht", gab sich Fatma geschlagen.

Nach einer Pause sagte sie: „Du musst noch mal zur Berufsberatung gehen. Vielleicht haben die ja noch was anderes."

„Ja, schon möglich", meinte Bastian.

Er hatte keine Lust mehr auf diesen Krampf.

„Ich muss noch diese Bewerbung fertig machen", sagte Fatma. „Dann gehen wir ins Kino. Das lenkt dich ab."

Weil er wirklich keine bessere Idee hatte, ging Bastian dann doch noch mal zum Berufsberater.

Der war wieder genauso freundlich. Zuerst wollte er Bastian den Fleischer schmackhaft machen.

„Nee", sagte Bastian. „Und Beerdigungsmensch auch nicht."

Er wusste zwar nicht, wie es mit ihm weitergehen sollte, aber das nicht, never.

Der Berufsberater suchte in seinem Computer.

„Hier", sagte er plötzlich. „Da ist ein freier Ausbildungsplatz reingekommen. Landschaftsgärtner. Wie wäre es denn damit?"

„Landschaftsgärtner?", fragte Bastian verdutzt.

„Denk mal darüber nach", meinte der Berufsberater. „Aber lass dir nicht zu lange Zeit, sonst ist der Platz weg. Ich geb dir mal die Anschrift."

Er druckte sie Bastian aus.

„Immerhin besser als Totenwäscher", dachte Bastian.

Als er Fatma davon erzählte, fand die das richtig toll. Sie schwärmte richtig von dem Beruf.

„Blumen und so, das ist doch klasse!",
erklärte sie.

„Ich weiß nicht", entgegnete Bastian.
Jetzt hatte er zwar eine Chance bekommen,
aber anfreunden konnte er sich nicht damit.

„Komm, ich helf dir bei der Bewerbung",
meinte Fatma. „Zumindest probieren kannst
du es."

„Na gut", sagte Bastian, nicht wirklich
überzeugt.

Doch dann schrieb er mit Fatmas Hilfe die
Bewerbung. „Und wenn das nicht klappt",
dachte er, „werde ich eben Totenfutzi."

Er lachte bitter.

4

Ein paar Tage später, Bastian kam gerade die Treppe herunter, traf er auf den Briefträger.

„Hi", grüßte Bastian. „Post für uns?"

„Hallo Bastian", sagte der Briefträger. „Mal sehen, was ich habe. Wie geht's denn so?" Der Mann kramte in seinem Stapel Post.

„Nein, nichts für Richter."

Er sah Bastians betretenes Gesicht und fragte: „Wartest du denn auf was?"

„Nee", sagte Bastian. „Nicht wirklich."

Lüge. Obwohl er die Bewerbung erst gerade abgeschickt hatte, hoffte er jeden Tag auf eine Antwort.

„Was machst du denn so?", wollte der Briefträger wissen.

„Ich such einen Ausbildungsplatz", antwortete Bastian.

„Und als was?"

Bastian schluckte, irgendwie kam ihm der Landschaftsgärtner nicht über die Lippen.

„Naja, verschiedenes", sagte er ausweichend.

„Komm doch zu uns", schlug der Briefträger vor, der seine Sendungen in die einzelnen

Kästen verteilte. „Viel Arbeit und wenig Geld."
Das sollte vielleicht ein Scherz sein, aber
Bastian fand das nicht witzig.

„Ist doch komisch", dachte Bastian, „zuerst
will ich nichts, absolut nichts von einer Ausbildung wissen, und jetzt kann ich es kaum
abwarten." Und was war aus dem Schauspieler Bastian Richter geworden? Einfach so
ins Nirwana gebeamt?

Nachmittags ging Bastian zum Treffpunkt
am Historischen Kunstmuseum. Dort gab
es einen Park mit ein paar Bänken, wo er
und ein paar Leute aus seiner Klasse sich
oft verabredet hatten. Aber am Treffpunkt
war niemand. „Wahrscheinlich haben die
alle zu tun", dachte er resigniert. Also trödelte
er weiter in Richtung City. Am Josefplatz traf
er dann doch jemanden. Robert aus seiner
Parallelklasse. Sie gingen zusammen zur
Straßenbahnhaltestelle.

„Und wie geht's so?", fragte Bastian.

„Super", antwortete Robert. „Bin voll im Stress."

„Was machst du denn?"

„Ich hab bei Rewe angefangen. Drei Monate Praktikum, dann kann ich mit der Ausbildung anfangen."

„Und wie ist das so?"

„Sag ich doch, super. Bis auf den Chef, der hetzt einen den ganzen Tag rum. Aber die anderen sind okay."

„Und die Arbeit?"

„Na ja, Warenbestände kontrollieren, Lager auffüllen, Kundschaft beraten und so Zeug. Ist spannend, echt."

Für Bastian klang das nicht so.

„Und was ist mit den anderen?", erkundigte sich Bastian.

„Die seh ich fast nie", meinte Robert.

„Da kommt die 12. Mach's gut."

Robert stieg in die Bahn und fuhr davon.

Von dem Monat, den sein Vater ihm als Frist gesetzt hatte, war schon eine Woche vorbei. Und noch immer war keine Antwort auf seine Bewerbung gekommen. Vielleicht sollte er noch mehr Bewerbungen abschicken? So wie Fatma? Die hatte mittlerweile bestimmt schon vierzig abgeschickt und fast genauso viele Absagen bekommen. Aber Fatma war eine Kämpferin und dafür bewunderte Bastian sie. Er schrieb ihr gleich eine Nachricht, wie sehr er sie mochte.

Abends saßen seine Eltern vor dem Fernseher, als Bastian dazukam.

„Und wie läuft es so?", war die erste Frage seines Vater, der ausnahmsweise mal gute Laune hatte. „Schon was gefunden?"

„Ich bin dran", erwiderte Bastian.

„Ich weiß noch, wie ich mit der Schlosserlehre angefangen habe", erinnerte sich der Vater und strich sich über seine Glatze. „Mann, das waren noch Zeiten! Die Lehre war knallhart. Und mein Chef ließ nichts durchgehen."

„Aber es war trotzdem gut, dass du den Beruf gewechselt hast", warf die Mutter ein.

„Naja", meinte der Vater, „ich kann nicht klagen."

Dann drehte er sich zu Bastian.

„Die Zeit läuft, mein Sohn. Streng dich an."

„Klaro", sagte Bastian und verzog sich wieder auf sein Zimmer.

Am nächsten Tag begleitete er Fatma zu einem Bewerbungsgespräch. Fatma hatte sich richtig schick gemacht. Helles Top, dunkelblaue Hose, trendige Schuhe, dezent geschminkt.

„Du siehst echt super aus", sagte Bastian und nahm sie in den Arm.

„Aber ich fühle mich nicht so", erwiderte Fatma und machte ein ganz unglückliches Gesicht. „Was ist, wenn sie mich wieder nicht nehmen?"

„Daran darfst du noch nicht mal denken", rief Bastian. „Immer positiv an die Sache rangehn!"

Er begleitete sie bis zur Birkenallee. Dort war die Firma, in der sie ihr Bewerbungsgespräch hatte.

„Was ist das denn für ein Laden?", wollte Bastian wissen

„Moda GmbH", antwortete Fatma. „Ich hab mich erkundigt. Die bekommen die Grund-muster aus dem Ausland und machen sie dann hier für den Markt fertig. Ist nicht gerade das, was ich mir erträumt habe …"

„Nun mach nicht so ein depri Gesicht", sagte Bastian und strich Fatma über die dunklen Haare. „Ich drück dir die ganze Zeit die Daumen und warte hier auf dich."

Fatma holte tief Luft, dann betrat sie die Firma. Eine gute halbe Stunde später kam sie wieder heraus. Versteinertes Gesicht, Blick geradeaus. Sie ging einfach an ihm vorbei.

„He, Fatma", rief Bastian. „Warte doch!"

Sie drehte sich um, warf sich ihm an die Brust und begann, zu weinen. Bastian hielt sie fest. Ein Weinkrampf schüttelte sie. Dazwischen sagte sie etwas, schniefte, heulte, sagte wieder etwas. Bastian verstand kein Wort. Aber er konnte sich denken, wie es gelaufen war.

„Weißt du, was?", sagte er, nachdem sie sich etwas beruhigt hatte. „Ich lad dich ins Kino ein. Was meinst du?"

„Ist gut", heulte Fatma.

Bastian spendierte die Karten und eine große Tüte Popcorn. Und als sie dann im Kino saßen und die Vorschauen liefen, erzählte Fatma, den Mund voller Popcorn, dass man sie wieder wegen ihrer schlechten Zensuren nicht genommen hatte.

„Dieser Scheißladen", schimpfte sie. „Was bilden die sich eigentlich ein? Arrogante Schweine!" Das Fluchen tat ihr richtig gut, und Bastian drückte liebevoll ihre Hand.

Sie sahen ‚Peppermint', eine abgedrehte Komödie. Eine Kellnerin hat Probleme mit Männern, weil sie immer glaubt, sie hätte schrecklichen Mundgeruch. Deshalb lutscht sie dauernd Pfefferminz. Dann verliebt sie sich in einen Typen, aber traut sich nicht, ihn zu küssen. Noch so ein paar coole Verwicklungen, und am Schluss kriegt sie einen Zahnarzt. So richtig zum Ablachen. Nach dem Film ging es Fatma besser.

„Echt witzig der Streifen", meinte Bastian. „So müsste es im richtigen Leben auch sein." Fatma küsste ihn auf die Wange. „Du bist ein Schatz", sagte sie zärtlich. „Jetzt kann ich die nächsten zehn Bewerbungen schreiben."

Einen Tag später bekam Bastian endlich die Einladung zu einem Bewerbungsgespräch in der Landschaftsgärtnerei.

‚Sehr geehrter Herr Bastian Richter‘, stand da. ‚Wir freuen uns, Ihnen mitteilen zu können, dass wir Sie zu einem Vorstellungsgespräch einladen möchten …‘

Er war ein Glückspilz. Musste er jetzt ein schlechtes Gewissen haben, weil es für Fatma überhaupt nicht so easy lief? Dass er noch vor gar nicht langer Zeit nicht mal im Traum daran gedacht hatte, Gärtner zu werden, das kümmerte ihn nicht mehr.

Er freute sich.

Eine Woche später warf er sich in seine besten Klamotten und machte sich auf den Weg zur Landschaftsgärtnerei.

5

Komisch, Bastian war überhaupt nicht aufgeregt, als er vor dem Tor der Landschaftsgärtnerei stand. Als wäre es ihm total egal, ob sie ihn nehmen würden oder nicht. Er betrat den Hof, kein Mensch weit und breit. Links ein Bürogebäude, daneben Garagen. Auf der anderen Seite standen ein Bagger und ein Anhänger, der mit Ästen beladen war. Weiter hinten ging der Hof in ein offenes Gelände über.

Bastian drückte die Klingel am Büroeingang. Ein Summer ertönte, und Bastian ging hinein. Hinter einem Schreibtisch saß eine Frau mit Pferdeschwanz. Sie telefonierte. Sie nickte ihm zu und wies auf einen Stuhl. Bastian setzte sich. Nachdem sie ihr Gespräch beendet hatte, begrüßte sie ihn. Es klingelte wieder, zwei Jugendliche kamen ins Büro. Bastian kannte sie nicht. Die Konkurrenz. Also war er nicht der Einzige.

„So", sagte die Sekretärin zu Bastian.

„Du kannst jetzt zum Chef."

Der Chef war ein Mann mit Bart, noch gar nicht so alt. Er begrüßte Bastian freundlich.

Bastian setzte sich vor den Schreibtisch.

„Dann schieß mal los", forderte ihn der Chef auf.

„Was wollen Sie denn wissen?", fragte Bastian.

Auf dem Schreibtisch sah er seine Bewerbung liegen.

„Dein Zeugnis ist ja sehr gut", meinte der Chef. „Warum willst du nicht weiter zur Schule gehen?"

„Ich hab keine Lust mehr auf die Schule", antwortete Bastian. „Ich will endlich Anpacken dürfen."

„Kann ich verstehen", erwiderte der Chef.

Bastian sollte von seiner Familie erzählen, was sein Vater machte, seine Mutter, ob er Geschwister habe, welche Hobbys …

„Kino", sagte Bastian spontan. „Ich geh gern ins Kino."

Aber an das missglückte Casting wollte er im Moment wirklich nicht denken.

„Einen guten Film sehe ich mir auch zweimal an."

„Ich geh auch gerne ins Kino", bemerkte der Chef. „Am liebsten Science-Fiction. Aber im Sommer habe ich meistens keine Zeit dazu.

Und warum möchtest du gerade Landschaftsgärtner werden? Dein Schulpraktikum hast
du ja in einem Getränkehandel gemacht,
steht zumindest hier in deiner Bewerbung."
„Gute Frage", dachte Bastian.
„Ich …" Er stotterte. „Ich dachte, na ja …"
Da fiel ihm die rettende Antwort ein.
„Ich arbeite gerne draußen. Außerdem stelle
ich es mir irgendwie schön vor, Bäume zu
pflanzen und so."
Bingo! Das war doch eine klasse Antwort.
„Das ist manchmal wirklich Knochenarbeit",
merkte der Chef an.
„Das macht mir nichts. Mein Vater sitzt die
meiste Zeit in seinem Lkw, das wäre nichts
für mich. Ist bestimmt nicht gesund. Er hat
ganz schöne Rückenprobleme."
„Bei schlechtem Wetter arbeiten wir auch
draußen", erklärte der Chef.
Bastian lachte und sagte: „Dann zieht man
sich eben warm an."
„Im Frühling und Sommer haben wir die
meiste Arbeit. Liegt ja auf der Hand", sagte
der Chef und sah ihn prüfend an. „Da fallen
schon mal ein paar Überstunden an. Also
wenig Zeit für die Clique und Kino."

Bastian nickte und meinte: „Klar, kann ich mir denken. Das macht mir nichts."

„Die Überstunden werden dann in den Wintermonaten abgefeiert", meinte der Chef und stand auf. „Ich kann dir zunächst ein Praktikum bei uns anbieten. 250 Euro im Monat. Und wenn wir mit dir zufrieden sind, übernehmen wir dich als Lehrling. Die Ausbildung beginnt im Herbst.

„Klingt spitzenmäßig", antwortete Bastian zustimmend.

„Gut. Du hörst von uns", sagte der Chef und gab Bastian die Hand.

Bastian musste drei lange Tage auf den Rückruf warten. Seine Gefühle schwankten. Mal hoffte er, dass es klappen würde, dann wieder war es ihm egal. Am dritten Abend nach dem Bewerbungsgespräch wollte sein Vater wissen, ob er eine Lehrstelle gefunden habe.

„Was hältst du von Landschaftsgärtner?", fragte Bastian gespannt.

„Klingt gut", meinte der Vater und legte sich aufs Sofa.

Sein Rücken tat weh, er konnte sich kaum bewegen.

„Landschaftsgärtner, ist nicht übel. Immer an der frischen Luft. Oh, diese verdammten Schmerzen."

„Vielleicht solltest du mal zum Arzt gehen", schlug Bastian vor.

„Lass mich damit bloß in Ruhe. Die können mir auch nicht helfen."

Am nächsten Tag rief die Sekretärin an.

„Hier Bastian Richter."

„Gratuliere", sagte sie. „Wir haben uns für dich entschieden. Du kannst bei uns anfangen."

Bastian freute sich.

„Super", sagte er. „Danke."

„Nichts zu danken", antwortete die Sekretärin. „Montag, sieben Uhr solltest du da sein. Die Verträge machen wir fertig. Drei Monate als Praktikant und im September würde dann die Ausbildung beginnen."

„Alles klar", sagte Bastian.

„Du wirst Pauls Kolonne zugeteilt", fuhr sie fort. „Die arbeiten gerade an einem Sportplatz. Der Chef meint, das wäre ein guter Einstieg."

„Bestimmt", bekräftigte Bastian.

Damit war das Gespräch beendet.

Er war glücklich. Als er seiner Mutter von seinem Erfolg erzählte, freute sie sich mit ihm und kochte ihm abends sein Lieblings-essen: Pfannkuchenberg mit Käsesoße und Würstchen.

Er schrieb Fatma eine Nachricht, bekam aber keine Antwort.

Montag weckte ihn sein Handy um sechs.

Es war zwar nicht mehr dunkel, aber Bastian hatte Mühe, richtig wach zu werden. Appetit hatte er auch keinen. Er trank einen Becher Kaffee und machte sich auf den Weg.

Als er an der Straßenbahnhaltestelle auf die 11 wartete, wunderte er sich, wie viele Leute zu dieser nachtschlafenden Zeit schon unter-wegs waren. Also an die Uhrzeit musste er sich noch gewöhnen.

Auf dem Gelände der Gärtnerei war viel los. Männer luden Geräte auf die Kleintransporter.

Niemand kümmerte sich um Bastian. Er traute sich nicht, jemanden anzusprechen. Zum Glück kam die Sekretärin mit einem älteren Mann aus dem Büro und rief ihn zu sich.

„Das ist unser neuer Praktikant Bastian Richter", stellt sie Bastian vor. „Das ist Paul, dein Kolonnenführer."

„Guten Morgen", sagte Paul und drückte ihm die Hand. „Also dann mal los. Wir fahren mit dem blauen Transporter da. Du kannst schon mal einsteigen."

Bastian setzte sich auf die hintere Bank, zwei weitere Männer stiegen ein. Einer war ungefähr so alt wie Bastian. Sie grüßten. Dann saßen sie schweigend im Wagen, bis Paul sich hinter das Steuer setzte und losfuhr.

6

So hatte sich Bastian das nicht vorgestellt. „Wir heben Baumgruben aus", erklärte Jan, Bastians neuer Kollege.

Jan war im 3. Lehrjahr und bediente den kleinen Bagger. Bastian musste die ausgehobene Erde in eine Karre schippen und wegbringen.

„Brauchen wir die Erde nicht, wenn die Bäume da reinkommen?", fragte Bastian.

„Die taugt doch nichts", erwiderte Jan.

„Die Bäume kriegen Mutterboden."

Das stimmte. Was Bastian da wegbrachte, war steiniger Boden. Eine Karre voll mit dem Zeug war ganz schön schwer. Außerdem musste er die Karre an das andere Ende des Sportplatzes bringen. Dann die Karre mit Schwung auf den Haufen schieben und oben auskippen. Wieder zurück, wieder vollschaufeln, wegbringen. Anstrengend und eintönig.

Jan schien das nichts auszumachen. Er saß in seinem Bagger, grinste und buddelte und nickte Bastian zu, wenn der mit der leeren Karre zurückkam. Nach einer Stunde taten Bastian schon die Hände weh, und er hätte gern eine Pause gemacht.

Paul und der andere Kollege pflasterten vorne am Eingang des Sportgeländes die Auffahrt. Einmal kam Paul zu ihnen und überprüfte die Tiefe der Baumgruben.

Als er wieder weg war, meinte Jan: „Du hast Glück, dass du in unsere Kolonne gekommen bist. Paul ist okay. Vor Kalle musst du dich in Acht nehmen. Der schimpft gerne rum."

„Können wir mal Pause machen?", fragte Bastian.

„Um neun ist Frühstück", antwortete Jan und kurvte mit dem Bagger ein paar Meter weiter. Er begann mit der nächsten Baumgrube.

„Sei froh, dass es nicht regnet, dann ist die Erde schwer wie Blei."

Nein, es regnete nicht. Die Sonne schien, es würde ein schöner Tag werden.

„Genau richtig fürs Schwimmbad", dachte Bastian und rieb sich die Hände, die innen rot und geschwollen waren. Aber er biss die Zähne zusammen.

„Immer noch besser Baumgruben als Leichengruben ausbuddeln", dachte Bastian. Die Stunde bis zum Frühstück kam ihm ewig vor.

Endlich Pause. Sie gingen nicht zu ihren älteren Kollegen, sondern setzten sich ins Gras. Jan holte aus seinem Rucksack eine Thermoskanne, eine Butterdose, einen Apfel und eine Tüte Schokoriegel.

Bastian knurrte der Magen. An so etwas wie Frühstück hatte er überhaupt nicht gedacht.

„Gibt es hier irgendwo einen Kiosk, wo ich mir was holen kann?", erkundigte er sich.

„Nein. Was meinst du, was Paul sagen würde, wenn du hier abhaust? Das geht nicht. Hast du nichts mit?", fragte Jan.

„Nee, vergessen", sagte Bastian.

„Kann passieren", meinte Jan und gab ihm von seinem Frühstück ab.

Das war wirklich nett, aber von dem Tee bekam Bastian nur einen halben Becher. Und er hatte schrecklichen Durst.

Nach Bastians Gefühl hatte die Pause gerade erst angefangen, da kam Kalle und fragte, wie lange sie denn noch hier rumhängen wollten.

„Ihr habt ja erst acht Gruben, was ist das denn?", meinte er kopfschüttelnd. „Bis zum Feierabend müsst ihr hier fertig sein."

„Na klar", sagte Jan und zwinkerte Bastian zu. Als Kalle abzog, meinte er nur: „Alter Spinner!"

Zum Mittag hin knallte die Sonne unbarmherzig auf Jan und Bastian herab. Bastian hatte inzwischen sein T-Shirt ausgezogen. Es war ihm egal, wenn er sich einen Sonnenbrand holte. Der Schweiß lief ihm über die Stirn und brannte in den Augen. Es gab nirgends Schatten, und die Baumgruben nahmen kein Ende. Wenn er die schwere Karre anschob, taten seine Hände so weh, dass er sie kaum halten konnte. Einmal kippte ihm die Karre um, und er musste zurück und die Schaufel holen. Das hatte Kalle von Weitem gesehen. Er kam gleich angetapert und wollte wissen, was der Scheiß denn sollte.

„Hab ich doch nicht extra gemacht", verteidigte sich Bastian genervt und schaufelte die Karre wieder voll.

Um zwölf Uhr war Mittagspause, eine Dreiviertelstunde. Bastian lag im Gras. Er hatte sich das Shirt über den Kopf gelegt. Jetzt wäre er wirklich gerne woanders.

Mit Fatma am Baggersee. Nee, nicht Baggersee, von Baggern wollte er im Moment nichts wissen. Irgendwo an einem Strand, eine Kühltasche voller Cola, ein paar Hamburger und Fatma an seiner Seite. Das wär's.

Stattdessen die nächsten zehn Baumgruben. „Meine Fresse, das ist harte Arbeit", dachte Bastian. Wieso war er hier? Wieso stand er nicht vor einer Kamera und machte Karriere? War Leichen schminken auch so anstrengend?

Auch wenn es ihm vorkam, als würde die Zeit überhaupt nicht mehr vergehen, war es dann doch irgendwann sechzehn Uhr. Bastian rechnete jeden Moment damit, dass Jan seinen Bagger abstellte und Feierabend wäre.

Als er danach fragte, sagte Jan: „Erst in gut einer Stunde, so um halb sechs."

„Aber das ist sind ja dann fast zwei Überstunden!", rief Bastian empört.

Durfte er als Praktikant überhaupt so viele Überstunden machen?

„Die Überstunden feiern wir im Herbst oder Winter ab", meinte Jan. „Geht doch nicht anders, die meiste Arbeit ist jetzt."

Sie gruben noch vier Baumgruben, dann hatten sie es für heute geschafft.

„Morgen auf ein Neues", sagte Jan, als er den Bagger ausstellte.

Ihm schien die Arbeit überhaupt nichts ausgemacht zu haben. Aber er hatte ja auch nur auf dem Bagger gesessen. Bastian fühlte sich wie gerädert. Er war froh, als er endlich im Lkw sitzen konnte. Schweigend fuhren sie zur Gärtnerei, und Bastian machte sich schnell aus dem Staub.

Er war fertig. Mit den Nerven und der Welt. Und alles, wirklich alles tat ihm weh.

Zu Hause kam er kaum noch die Treppe hoch. Als seine Mutter ihm etwas zu Essen hinstellte, kaute er lustlos vor sich hin.

„Wie war es denn?", wollte sie wissen.

„Okay", brummte er nur.

„Wie sind denn die Kollegen?"

„Ganz nett."

„Also bei uns hat jetzt ein Laborant angefangen, da weiß man auch nicht, was man davon halten soll", erzählte die Mutter.

„Die Haare strohblond gefärbt …"

„Kannst du mir für morgen ein paar Sand-
wiches machen?", unterbrach Bastian seine
Mutter.

Sie nickte, war aber in Gedanken noch bei
dem neuen Laboranten.

„Und reden tut der, ohne Punkt und Komma.
Außerdem will er witzig sein, unmöglich!"

„Und was zu trinken?", hakte Bastian nach.
Die Mutter nickte und plapperte weiter.

„Aber erst mal hat er drei Reagenzgläser
kaputt gemacht. Also wenn du mich fragst,
der macht das nicht lange in der Firma.
Was denn zu trinken?"

„Wasser und Kaffee."

„Und Obst?", fragte die Mutter. „Obst ist
gesund."

„Ja", sagte Bastian. Er war so müde.
Kurze Zeit später fiel er völlig erledigt ins
Bett und schlief sofort ein. Er hatte noch
nicht einmal geduscht.

Am nächsten Morgen klingelte sein Handy
wieder um sechs. Aber Bastian drehte sich auf

die andere Seite und schlief weiter. Er träumte, wie er und Fatma über einen weißen Strand fuhren, in einem Leichenwagen. Erst zwei Stunden später wurde er wach. Er fühlte sich ausgeschlafen und sah auf die Uhr. Acht Uhr. Er hatte verschlafen! Er sprang aus dem Bett und stürzte ins Bad. Warum hatte seine Mutter ihn nicht geweckt? Die schlief auch noch.

„Verdammter Mist!", fluchte er, sprang in seine Klamotten und machte sich auf den Weg.

D ie Kolonnen waren längst weg. Verloren stand Bastian auf dem Betriebshof und wusste nicht, was er machen sollte.

Er brauchte nicht lange zu warten, bis der Chef aus dem Büro kam. Er blieb vor Bastian stehen, kratzte sich am Bart und sah ihn fragend an.

„Tut mir leid, Chef", sagte Bastian zerknirscht. „Ich hab verschlafen."

„Hm", machte der Chef, sein Blick verfinsterte sich.

„Kommt nie wieder vor", erklärte Bastian schnell.

„So einen, der am zweiten Tag gleich verpennt, können wir nicht brauchen", meinte der Chef.

„Jetzt schmeißt er mich raus", dachte Bastian.

„Pünktlichkeit, Einsatz, Kollegialität", zählte der Chef auf. „Ohne das läuft nichts."

Bastian nickte.

„Du bekommst noch eine Chance", sagte der Chef. „Aber wehe, wenn noch die kleinste Kleinigkeit passiert …"

„Danke", sagte Bastian erleichtert.

Er hatte noch mal Glück gehabt.

„Was soll ich machen? Ich kann zu Paul … mit der Straßenbahn …"

„Quatsch", unterbrach ihn der Chef. „Da lässt du dich besser nicht blicken. Du kannst hier arbeiten. Komm mit."

Der Chef stiefelte los, Bastian folgte ihm über den Hof zu den Pflanzungen. Hier wuchsen in langen Reihen Büsche und junge Bäume. Der Chef erklärte ihm, was er machen sollte: Dreijährige Buchen umsetzen, sprich die Bäume vorsichtig freigraben – bloß nicht den Wurzelballen verletzen – dann mit einer Karre, immer acht Stück, auf ein freies Feld bringen. Ein neues Loch graben, die Jungbäume einsetzen und die Erde locker antreten.

„Mach ich", sagte Bastian.

Der Chef ließ ihn allein.

Bastian machte sich an die Arbeit. Die war zwar nicht sehr anstrengend, aber nach fünfzig Bäumen ziemlich öde.

Er wischte sich die Hände an der Jeans ab und schrieb Fatma eine Nachricht.

‚Hi, schöne Lady, was machst du gerade?'

Fatma antwortete direkt: ‚Und du pflanzt Blümchen?'

‚Ne, Bäumchen.'

‚Küsschen!'

‚Knutsch', schrieb Bastian und arbeitete weiter. Die Bäumchen mussten noch gewässert werden, dann konnte Bastian Feierabend machen. Diesmal ohne Überstunden.

Am nächsten Tag stand er wieder auf dem Sportplatz. Diesmal hatte er nicht verschlafen. Paul und Kalle sagten nichts dazu, nur Jan machte eine Bemerkung. Die Baumgruben waren ausgehoben. Jetzt mussten sie einen Graben ziehen. Jan war wieder mit dem Bagger zugange, Bastian mit Schaufel und Karre.

Bastian hatte auch an sein Frühstück gedacht. Als sie um neun Uhr im Gras saßen, fragte Bastian: „Ist das schwer, so einen Bagger zu bedienen?"

„Nee", erwiderte Jan. „Ganz einfach."

„Ist ja auch nicht so schnell wie ein Porsche", sagte Bastian.

Heute ging es ihm irgendwie besser. Die Knochen taten nicht mehr so weh, mit der

Karre kam er auch besser zurecht. Vielleicht war die Ausbildung doch nicht so schlimm.

In der Mittagspause hatten sich Paul und Kalle hinter das Sportgebäude zurückgezogen. Sie konnten nicht sehen, wie Bastian auf den Bagger kletterte und Jan ihm erklärte, wofür die verschiedenen Hebel und Schalter waren.

„Lass mich mal fahren", bat Bastian.

„Wenn das Paul sieht, sind wir erledigt", sagte Jan, drehte aber den Zündschlüssel. Der Motor heulte auf. Jan sprang herunter, und Bastian fuhr ein paar Meter vorwärts.

„Wie krieg ich die Schaufel nach vorn?", rief Bastian.

Die Sache machte Spaß.

„Den Hebel mit dem schwarzen Knauf nach vorne ziehen. Eh, vorsichtig, das ist doch kein Joystick!"

Bastian hatte den falschen Hebel erwischt, die Schaufel senkte sich und knallte auf den Boden.

„Eh, hör auf!", schrie Jan.

In dem Moment drückte Bastian auf ein Pedal und der Bagger machte einen Satz nach vorn. Bastian hantierte nervös herum. Der Bagger wurde schneller und rumpelte nach vorne, die Schaufel kratzte über den Boden.

„Dreh die Zündung aus!", schrie Jan verzweifelt.

Bastian blickte überhaupt nicht mehr durch und drückte irgendwelche Knöpfe. Das brachte aber nichts. Jetzt rollte der Bagger mit ziemlichem Tempo auf eine Baumgrube zu und kippte mit lautem Knirschen in das Loch. Dabei riss die Schaufel Steine mit und blieb krachend an einer Wurzel hängen. Jan zerrte Bastian herunter und stellte den Bagger aus.

„Scheiße", sagte Bastian.

Jan war ganz still. Er war käsebleich.

Der Bagger hing schräg in der Grube.

Das wäre ja noch nicht so schlimm gewesen. Irgendwie hätten sie das Ding schon wieder flott gekriegt. Viel schlimmer war, dass die Baggerschaufel total verbogen war. Unbrauchbar, kaputt, einfach Schrott.

„Die hält aber nicht viel aus", bemerkte Bastian.

Jan ging ratlos um den Bagger herum. Inzwischen war Paul und Kalle aufgefallen, dass etwas nicht stimmte. Sie kamen angerannt.

„Was ist passiert?", wollte Paul wissen.

Jan antwortete schnell: „Der Bagger …"

„Du willst doch jetzt nicht behaupten, dass der Bagger so ganz von allein und von Zauberhand in die Grube gefallen ist?", fragte Paul lauernd.

Jan schüttelte den Kopf.

„Ich war's", gab Bastian zu. „Ich wollte …"

„Du Vollpfosten", sagte Kalle.

Paul ging um den Bagger herum. „Unglaublich", murmelte er vor sich hin.

„In eurer Haut möchte ich nicht stecken", meinte Kalle. Es klang irgendwie schadenfroh.

Paul kratzte sich am Kopf. „Wenn der Chef das erfährt … Scheiße!"

„Es tut mir leid", wiederholte Bastian.

„Das kannst du dir doch in den Arsch stecken!", schimpfte Paul. „Tut mir leid, tut mir leid", äffte er. „Und, was sag ich dem Chef?"

Bastian blickte betreten zu Boden.

Paul schaute zu Kalle und sagte: „Komm! Wir besorgen einen neuen Bagger. Alles andere wird der Chef regeln. Ihr holt das Ding raus."

„Machen wir", sagte Jan schnell.

Paul und Kalle zogen fluchend ab.

„Tut mir leid", flüsterte Bastian.

„Ich hätte dich nie …" Mehr sagte Jan nicht. Mit ein paar Brettern unter den Ketten konnten sie den Bagger herausfahren. Die Baggerschaufel war allerdings hin.

Wenig später kamen auch Paul und Kalle zurück. Sie brachten einen neuen Kleinbagger auf einem Transporter. Den kaputten luden sie auf. Jan und Bastian durften weiter den Entwässerungsgraben ausheben.

Bis zum Feierabend sprachen sie fast kein Wort miteinander. Auch auf der Rückfahrt herrschte Totenstille. Erst als sie auf den Hof einbogen, wandte sich Paul zu Bastian: „Du sollst dich beim Chef melden."

„Klar", sagte Bastian. „Mach ich."

B astian kam an dem beschädigten Bagger vorbei, der mitten auf dem Hof stand. „Besser ein kaputter Bagger, als einen Leichenwagen mit Inhalt zu Schrott fahren", dachte er.

Sein schräger Humor sollte ihm schnell vergehen, als er im Büro vor dem Chef stand. Der kaute auf der Unterlippe und blickte böse.

„Chef, ich wollte das nicht", begann Bastian sofort.

„Weißt du, was so ein Bagger kostet?", fragte der Chef.

„Keine Ahnung", gab Bastian zu. „Ziemlich teuer, vielleicht so …?"

„Ich bin, sagen wir mal, ziemlich wütend", unterbrach ihn der Chef. „Wie kann man so dämlich sein? Kannst du mir das mal erklären?"

Das konnte Bastian nicht.

Das brachte den Chef noch mehr in Rage.

Er stand auf und kam aufgebracht um den Schreibtisch herum auf Bastian zu.

„Du kommst mir nicht ungeschoren davon, Freundchen", brüllte der Chef nun. „Weißt du, solche wie du, die sich für wer weiß wie toll halten, die können mich mal! Verstehst du, du kannst mich mal! Gute Zensuren und nichts dahinter! Pah! Jedenfalls nicht in meinem Betrieb. Hier sind deine Papiere", schrie er und drückte sie Bastian gegen die Brust. „Du kannst gehen!"

Bastian schluckte, er konnte sich nicht rühren. „Was ist? Worauf wartest du?"

„Ich …", stotterte Bastian. „Es tut mir leid."

„Hörst du nicht? Du kannst gehen!", rief der Chef.

„Jan kann nichts dafür", sagte Bastian leise.

„Mit Jan kläre ich das später", erwiderte der Chef.

„Wirklich, ich bin einfach auf den Bagger rauf. Jan wollte mich stoppen, aber da …", versuchte es Bastian noch einmal.

„Raus!", brüllte der Chef nur und riss die Tür auf. „Und deinen Vater werde ich auch informieren. Ihr seid hoffentlich gut versichert!"

Bastian zuckte mit der Schulter und flüchtete.

Das hatte gesessen. Von wegen guten Zensuren und nichts dahinter. Bastian fühlte sich wie ausgespuckt. Scheiße! Warum war er nur auf den blöden Bagger geklettert?

Er fuhr zu Fatma. Zum Glück war sie zu Hause. Ihre Mutter ließ ihn herein. Fatma lag auf ihrer breiten Schlafcouch. Sie strahlte ihn an und breitete die Arme aus. „Hi Basti. Mensch, wie siehst du denn aus?"

Bastian zog die Schuhe aus und legte sich neben sie. Sie kuschelte sich an ihn. „Was ist denn mit dir passiert?"

Sie kitzelte ihn mit ihren schwarzen Haaren an der Nasenspitze. Bastian schüttelte abwehrend den Kopf.

„So schlimm?", fragte sie mitfühlend.

Bastian sagte nichts, auf einmal fühlte er sich nur elend. Beinahe hätte er losgeflennt. Fatma hätte das sogar verstanden.

„Alles Scheiße", brachte er schließlich heraus. Fatma streichelte ihm über den Kopf und küsste ihn ganz sacht aufs Ohr.

„Du bist der Beste", flüsterte sie zärtlich.

„Ich hab 'nen Bagger zu Schrott gefahren." Das war jetzt etwas übertrieben. Der Bagger ließ sich bestimmt reparieren.

„Du kannst doch gar nicht Bagger fahren", sagte Fatma, wieder mit so einer zärtlichen

Stimme. Sie gluckste, anscheinend fand sie das lustig.

„Eh, das war nicht witzig!"

Bastian erzählte, was passiert war.

Fatma küsste ihn auf den Mund. „Und dann?"

„Hat mich der Chef rausgeschmissen."

„Oh!", sagte Fatma und richtete sich auf. Jetzt kapierte sie den Ernst der Lage.

„Komm schon, vergiss den Scheiß. Du findest einen neuen Ausbildungsplatz", tröstete sie hin. Sie drängte sich wieder an ihn. Sie schmusten, küssten sich und Bastian vergaß erst mal seinen Kummer.

Nach einer Weile meinte Fatma: „Ich hab einen Ausbildungsplatz gefunden."

„Erzähl", forderte Bastian sie träge auf. Jetzt wollte er nicht mit der Schmuserei aufhören, aber Fatma setzte sich auf.

„In drei Wochen kann ich anfangen. Erst ein dreimonatiges Praktikum, und wenn ich mich gut anstelle, dann bekomm ich den Ausbildungsplatz. Das Praktikum wird mir dann als Probezeit angerechnet. Die Chefin ist super nett. Die hat sich überhaupt nicht an meinen Zensuren gestört. Sie meinte, wenn ich so klar weiß, was ich will, dann …

Also meine Hartnäckigkeit hat sie überzeugt. Was sagst du?"

„Schön für dich", erwiderte Bastian.

Ja wirklich, er freute sich für Fatma. Sie war so glücklich.

„Das sollten wir feiern", sagte Bastian schließlich.

Fatma nickte, dann sagte sie: „Die Sache hat nur einen Haken. Aber ich finde das nicht schlimm. Das kriegen wir auch irgendwie hin." Fatma machte eine Pause.

„Was für einen Haken?", fragte Bastian.

„Naja", sagte Fatma und sah ihn gespannt an. „Die Stelle ist nicht hier in der Stadt, sondern in Köln. Da kann ich bei meiner Tante wohnen. Die hat mir das auch vermittelt. Verstehst du? Wir können uns jedes Wochenende sehen ..."

Bastian stand langsam auf. In ihm war plötzlich so was wie ein schwarzes Loch.

„Ich muss das doch machen", sagte Fatma leise bittend, „das musst du doch verstehen."

„Aber ...", murmelte er.

Die gute Stimmung war wie weggeblasen.

„Wir feiern wann anders", sagte Bastian.

„Wirklich, ich freu mich für dich. Aber ich

muss jetzt gehen." Schnell zog er seine
Schuhe an und stürzte aus dem Zimmer.
Fatma rief etwas hinter ihm her, aber er
wollte nichts mehr hören.

Als Bastian nach Hause kam, müde und
zerschlagen, fand er einen Zettel auf dem
Küchentisch. Seine Mutter war für zwei Tage
bei Bastians Schwester und half bei den
Kindern. Sein Vater hatte eine lange Tour
nach Madrid und würde erst in drei Tagen
zurück sein.
Also hatte er sturmfreie Bude. Na klasse!
Jedenfalls musste er dann nicht gleich
beichten.
Mit wildem Trotz zückte Bastian sein Handy.
Er hatte eine super Idee. Er postete eine
Story: ,Weitersagen an alle! Sturmfreie Bude,
Party ab 22 Uhr, Getränke mitbringen!'
Dann gab er noch die Adresse an. Mal sehen,
wer alles kommen würde.
Bastian räumte in der Wohnung herum,
platzierte die Boxen, holte die halb volle
Kiste Bier aus dem Keller. Es gab auch

noch Chips und Schokolade. Die Party
konnte beginnen.

Um kurz vor zehn kamen die ersten. Bekannte
aus seiner Klasse, die alle wissen wollten,
was denn gefeiert würde.
„Ich hab einen Bagger versenkt", sagte
Bastian nur. „Macht's euch gemütlich."
Das fanden alle echt fett.
Die Musik wurde aufgedreht, Tische und
Stühle im Flur gestapelt, denn die Mädchen
wollten tanzen. Eine Stunde später war die
Party voll im Gange. Es kamen immer mehr
Leute. Die Wohnung war gerammelt voll.
Inzwischen kamen auch Leute, die Bastian
noch nie gesehen hatte. Einen betrunkenen
Kerl, der plötzlich im Flur auftauchte, ließ
Bastian nicht herein. Der krakelte im Treppen-
haus herum, verzog sich dann aber wieder.
Irgendwann tauchte eine Flasche Rum auf.
Bastian trank, er fühlte sich gut und alles an-
dere war ihm egal. Dann ging es richtig ab.
Jemand wollte Spaghetti kochen. Ein Klas-
senkamerad entdeckte Eier im Kühlschrank

und wollte sich ein Omelett machen. Jemand anderes wollte mit den Eiern nach dem Fernseher werfen. Das klatschte so schön. Bastian kriegte das mit, hatte aber nicht die Energie, einzugreifen. Der Fernseher war sowieso ein Uraltmodell. In der Küche kochten die Spaghetti über. Ein Pärchen malte aus Ketschup, Majo und Senf ein Bild an die Wand.

Im Flur fand Zielwerfen mit leeren Bierflaschen statt, bis es langweilig wurde. Dann wurden die Fenster aufgerissen und die Flaschen hinausgeworfen.

„He Basti!", rief jemand. „Wo ist das Bett von deinen Alten? Wir wollen kuscheln!"

„Und ich will ein Schaumbad!", rief ein Mädchen kichernd. Und gleich darauf: „Igitt, in der Wanne schwimmen Würmer!"

Das waren die Spaghetti.

Bastian kümmerte das alles wenig. Er übte mit einem Mädchen Jumpstyle.

Plötzlich klingelte es Sturm.

Bastian riss die Wohnungstür auf und bekam einen Schreck. Zwei Polizistinnen standen vor ihm.

„Nee", nuschelte Bastian. „Das nicht auch noch."

„Wo sind deine Eltern?", fragte die eine streng.

„Weg", antwortete Bastian, was ja die Wahrheit war.

„Die Party ist beendet", teilte die andere mit.

„Kann ich mal deinen Ausweis sehen?"

„Ja klar", sagte Bastian kleinlaut. Er musste lange suchen, bis er seinen Geldbeutel fand. Die Polizistin notierte Bastians Personalien und sagte: „Das gibt 'ne Anzeige!"

„Na ja, wenn jetzt sofort Schluss ist, können wir vielleicht auf die Anzeige verzichten", wiegelte die andere Polizistin ab. „Wir stehen draußen und warten, bis alle weg sind."

„Geht klar", erwiderte Bastian, mehr fiel ihm nicht ein.

Die Polizistinnen zogen ab. Bastian stellte die Musik aus und sagte in die Stille: „Feierabend Leute. Die Party ist vorbei. Draußen steht die Polizei. Also verzieht euch."

Mit der Polizei wollte niemand Ärger haben. Die Partymeute verzog sich schnell.

Bastian war allein. Die Wohnung sah er sich besser nicht so genau an.

„Morgen", dachte er, „morgen ist auch noch ein Tag." Er war müde, todmüde, und das Einzige, was er noch schaffte, war ins Bett zu fallen.

9

Die Wohnung sah aus wie ein Schweine-
stall. Bastian schlurfte ins Bad und
spritzte sich kaltes Wasser ins Gesicht. Sein
Kopf dröhnte, ihm war kotzübel. Wenn jetzt
seine Mutter plötzlich auftauchen würde, oder
noch schlimmer, sein Vater. Lieber nicht!
Er ging in die Küche und stellte die Kaffee-
maschine an. Den Kaffee trank er schwarz.
Danach ging es ihm nicht wirklich besser.
Er ging durch die Wohnung und betrachtete
das Chaos. Den Fernseher konnte er vergessen. Im Bad wurde ihm von der Spaghetti-
sauerei wieder schlecht. Er übergab sich ins
Klo.
Es nützte nichts. Er musste aufräumen. Aber
er wusste nicht, wo anfangen. Also setzte er
sich in die Küche und trank ein Glas Wasser.
Dabei betrachtete er das Bild aus Ketschup
und Senf. Dann fielen ihm die Polizistinnen
ein. Da stand ihm noch eine Menge Ärger
bevor. „Das machte doch alles keinen Sinn",
schoss es Bastian durch den Kopf, und die
Ausbildung war auch futsch. Sein Leben war
wie ein mieser Film, und er war der Verlierer.

Er fing an, die Wohnung sauber zu machen. Zuerst sammelte er allen Müll und die Scherben ein. Dann begann er zu putzen. Das Bad war ziemlich einfach. Der Fernseher mit der Eierschmiere war schon schwieriger. Danach die Küche.

„Was ein Scheiß", fuhr es ihm durch den Kopf. Welcher Pfosten hatte sich das nur ausgedacht? Das Ketschup-Majo-Bild ließ sich zwar abwischen, aber die Wand wurde deshalb nicht weißer. Er musste Farbe besorgen und die Schmiererei überpinseln.

Er staubsaugte, wischte und schleppte die Müllsäcke hinunter zu den Tonnen.

Jetzt sah die Wohnung wieder einigermaßen normal aus. Jedenfalls wenn man nicht so genau hinsah. Farbe würde er später besorgen. Erst mal hatte er die Schnauze gestrichen voll. Von allem.

Wie sollte er seinen Eltern nur die Geschichte mit dem Bagger verklickern? Aber das Schlimmste war, dass seine Freundin wegziehen würde. Das schmeckte so bitter, gleich musste er sich wieder übergeben.

Er putzte sich die Zähne und ging in die Stadt. Bastian streifte ziellos durch die Straßen. Er achtete überhaupt nicht darauf, wo er hinging. Das Laufen half irgendwie, die düsteren Gedanken zu vertreiben. Vor allem diese nervtötende Frage, wie es mit ihm weitergehen sollte. Er blieb vor einer riesigen Plakatwand stehen. Ein Affe grinste ihn an. Werbung für den Zoo. „Naja", dachte er, „die Viecher im Zoo haben es doch gut." „Die brauchen keinen Ausbildungsplatz und berühmt werden sie auch. Wie dieser Eisbär aus Berlin." „Ach was soll's", dachte Bastian total deprimiert.

Eine Anzeige von der Polizei war nicht gekommen. Wenigstens ein Lichtblick.
Drei Tage später waren Bastians Eltern wieder zurück. Seine Mutter hantierte in der Küche herum. Den frischen Farbgeruch hatte sie anscheinend nicht bemerkt. Bastians Vater lag auf dem Sofa und döste. Bastian fand den Zeitpunkt günstig und wollte von dem Rauswurf erzählen. Da klingelte das Telefon.

Der Vater nahm ab.

„Richter."

Pause. Bastian stand in der Küchentür und lauschte.

„Wie?"

Stille. Immer länger. Wer war denn da in der Leitung?

„Sagen Sie das noch mal!"

Wieder Pause.

„Bastian? Nein, hat er nicht. Ja, ich kümmere mich darum. Wiederhören!"

Der Vater knallte den Hörer auf und kam in die Küche. Er war bleich. Bastian machte ihm Platz. Aber der Vater schien ihn nicht zu bemerken. Er setzte sich an den Tisch, atmete schwer und schüttelte den Kopf.

„Weißt du, wer das war?", fragte er.

„Mein Gott, was ist denn passiert!", rief die Mutter entsetzt.

„Ich glaub es nicht", sagte der Vater tonlos. Bastian hielt sich am Türrahmen fest. Sein Vater sah aus, als würde er gleich einen Infarkt bekommen.

„Der Chef da von der Gärtnerei …", begann er. Plötzlich haute er mit beiden Fäusten auf den Tisch, sprang auf und schrie: „Dein Sohn hat 'nen Bagger zu Schrott gefahren! Es ist unglaublich! Er hat einfach …! Sie haben ihn rausgeschmissen! Und unsere Versicherung soll das zahlen. Ich fass es nicht!"

Er fiel zurück auf den Stuhl, sein Gesicht war jetzt knallrot.

Die Mutter blickte hilflos vom Vater zum Sohn. Bastian schaute zu Boden.

„Stimmt das?", fragte die Mutter leise.

Bastian nickte.

„Ich schmeiß dich raus", drohte der Vater.

„Aber …", stotterte die Mutter.

„Wenn du nicht bald eine neue Lehrstelle hast", sagte der Vater, „dann schmeiß ich dich raus."

„Aber Bastian", sagte die Mutter flehend. „Wie konntest du nur!"

„Verzieh dich! Ich will dich heute nicht mehr sehen", sagte der Vater.

Bastian ging in sein Zimmer und warf sich aufs Bett. Er fühlte sich elend und total allein.

Einige Tage später rief Fatma an und lud ihn in die Eisdiele ein. Bastian ging hin und freute sich, sie zu sehen. Es machte ihn aber auch traurig. Er konnte sich überhaupt nicht vorstellen, dass sie nicht mehr in der Stadt leben würde. Sie redeten, Bastian erwähnte kurz den Streit mit seinem Vater.

„Übermorgen fahre ich nach Köln. Bringst du mich zum Bahnhof?", fragte Fatma

„Ja sicher", sagte Bastian. „Wann denn?" Er hatte einen Kloß im Hals und klopfte nervös mit der Hand auf die Glasplatte des runden Tisches.

„Wir können uns doch sehen", sagte Fatma und nahm seine Hand. „So weit ist Köln nicht. Ein Wochenende komme ich her und das nächste kommst du."

„Ja klar", antwortete Bastian.

„Du musst noch mal zur Berufsberatung gehen", meinte Fatma. „Irgendwas musst du doch machen."

Bastian schwieg. Sie hatte ja Recht.

„Ich freue mich so", sagte Fatma. „Ich freue mich, und es tut mir schrecklich leid, dass …"

„Ist schon okay", meinte Bastian.

Er riss sich zusammen. Es brachte ja nichts, wenn er den Trauerkloß spielte. Für Fatma war es richtig, die Lehre zu machen.

„Ist wirklich okay", wiederholte er und versuchte ein zaghaftes Lächeln. „Und ich gehe zur Beratung. Versprochen. Großes Ehrenwort."

Abends gingen sie zusammen ins Kino. Das lenkte Bastian etwas ab.

Zwei Tage später begleitete Bastian Fatma zum Bahnhof. Er fuhr selten mit der Bahn, aber Fatma kannte sich aus. Sie wusste, auf welches Gleis sie musste, und ließ Bastian den Koffer ziehen. Sie hatten noch Zeit und holten sich einen Coffee to go, dazu zwei frische Croissants. Die ganze Zeit quatschten sie belangloses Zeug. Der ICE kam, Fatma drückte Bastian einen Kuss auf den Mund. Sie stieg ein, zischend schlossen sich die Türen, dann war es vorbei. Der Zug fuhr ab. Bastian starrte den Rücklichtern hinterher, bis er sie nicht mehr sehen konnte.

Und nun?

Bastian hatte keinen blassen Schimmer, wie es weitergehen sollte. Er hatte keinen Plan. Er hatte auch keine Lust, irgendwen zu treffen.

Und seine Eltern wollte er auch nicht sehen. Irgendwie schaffte er es dann doch nach Hause. Er verkroch sich in sein Zimmer und sah fern. Eine alberne Show nach der anderen. „Der Schwachsinn hat mit dem wirklichen Leben rein gar nichts zu tun", dachte Bastian. Sein Handy brummte. Eine Nachricht von Fatma: ‚Bin gut angekommen. Vermisse dich schon!' Das war ein kleiner Trost.

Am nächsten Tag ging er zum Berufsberater. Auf gut Glück und obwohl er keinen Termin hatte. So, als wollte er das Schicksal herausfordern. Entweder er hat Zeit oder nicht. Entweder er hat noch eine passende Stelle oder nicht. Ein bisschen wie Lotto spielen. Das belebte ihn.

Der Berufsberater ließ ihn gleich herein und fand es nicht weiter schlimm, dass Bastian nicht Landschaftsgärtner werden wollte.

Die Baggergeschichte verschwieg Bastian natürlich.

„Ausbildungsplätze hab ich keine im Moment, tut mir leid", sagte der Berater.

„Ja dann", sagte Bastian und wollte gehen.
„Vielleicht versuchst du es selbst mal im Internet", schlug der Berater vor. „Uns werden nicht immer alle offenen Plätze gemeldet."

„Ja, mach ich", antwortete Bastian und verschwand.

Hätte er sich ja denken können. Jetzt stand er mit nichts mehr da, und sein Vater würde ihn auf die Straße setzen. Auf einmal machte ihm das Angst. Was sollte er denn tun?

Er gab sich doch wirklich Mühe, aber es lief eben alles schief. Ihn brauchte niemand. Bei dem Gefühl bekam er richtig Panik.

Zu Hause war dicke Luft. Im Wohnzimmer lief der Fernseher, Bastian schlich in sein Zimmer. Er ging ins Internet und googelte nach Ausbildungsplätzen für Hauptschüler. Er hätte alles genommen. Sogar Bäcker. Nur nicht Leichenfutzi, so weit war er noch nicht.

Tatsächlich gab es eine Stelle als Bürokaufmann. Wahrscheinlich war die Seite nicht mehr aktuell und die Stelle längst weg. Trotzdem fragte er per Mail nach.

Am nächsten Morgen rief er gleich seine Mails
ab. Aber da war nichts. Klar, war ja viel zu
früh. Vor acht fingen die bestimmt nicht an.
Aber nachmittags bekam er eine Antwortmail.
Er solle seine Bewerbung schicken.
Er konnte es kaum glauben. Vielleicht bekam
er doch noch eine Chance. Das war ja super.
Bastian war richtig aufgeregt. Jetzt musste er
nur noch die Bewerbung schreiben. Auch
ohne Fatmas Hilfe. Das schaffte er.
Er fing gleich an und gab sich alle Mühe,
wirklich. Kopien vom Zeugnis hatte er noch.
Anschreiben, Lebenslauf, … alles in den
Umschlag, fertig. Er brachte die Bewerbung
gleich zur Post.

N ach einer Woche nervigen Wartens bekam er Post.

Bestimmt eine Absage, dachte Bastian, als er den Brief in den Händen hielt. Zuerst wollte er ihn gar nicht öffnen, einfach um sich den Frust zu ersparen. Aber das machte keinen Sinn. Also las er den Brief. Er wurde zum Gespräch eingeladen.

„Fett!", rief er und freute sich riesig. Hatte er es jetzt geschafft, und das Schicksal war wieder auf seiner Seite?

Er schickte Fatma eine Nachricht: ‚Ich hab ein Bewerbungsgespräch!'

‚Cool!', antwortete sie sofort.

‚Obermegageil!', schrieb er.

‚Wann?', wollte Fatma wissen.

‚Übermorgen.'

‚Love you', schrieb sie.

‚Ich dich auch', schrieb er und grinste von einem Ohr zum anderen.

Aber seinen Alten sagte er nichts.

Das Bewerbungsgespräch stand an. Die Handelsgesellschaft hatte ihre Büros in einem zehnstöckigen Glasgebäude in der City. Bastian fuhr mit dem Fahrstuhl in die sechste Etage und ging zum Empfang. Man erwartete ihn schon, und er wurde gleich zur Personalchefin gebracht. Eine Frau in einem dunkelblauen Hosenanzug saß hinter dem Schreibtisch. Das war eine andere Welt als die Landschaftsgärtnerei. Vornehmer. Die Personalchefin kam direkt zur Sache. Sein gutes Zeugnis spreche für ihn, vor allem seine guten Englischkenntnisse. Allerdings müsse er sich mit Wirtschaftsenglisch vertraut machen. Am besten wäre eine Fortbildung. „Wir hatten schon andere Bewerber und Bewerberinnen für den Platz", sagte die Frau. „Deine Zensuren haben uns überzeugt. Als Bürokaufmann musst du Organisationstalent besitzen. Und kontaktfreudig sein. Wie schätzt du dich hier ein?"

„Ich komme gut mit Leuten klar", antwortete er. „Nur mit meinen Eltern nicht", dachte er bei sich. Er erzählte noch ein wenig von sich und beantwortete geduldig alle Fragen. Unterm Strich ein gutes Gespräch.

„Wenn du einverstanden bist, kannst du mit einem firmeninternen Praktikum bei uns starten", schlug die Personalchefin vor. „Im Herbst beginnt dann die reguläre Ausbildung."
„Bin ich", antwortete Bastian freudig.
Auch die Arbeitszeiten waren besser als in der Gärtnerei. Mehr Praktikumsgeld gab es auch. Überstunden musste er nicht machen. Am kommenden Montag sollte er beginnen. Dann war Bastian entlassen. Als sich die Fahrstuhltüren hinter ihm schlossen, fühlte er sich verdammt gut. Auf der Straße schrieb er Fatma.

Eine Woche später startete Bastian sein neues Praktikum. Alles lief gut an.
Die Firma exportierte Umwelttechnik ins Ausland, sogar bis nach Südamerika. Die Mitarbeitenden waren höflich und zu Bastian ausgesprochen freundlich. Er war der Jüngste in der Belegschaft. Er hatte zwar noch keine Ahnung von den einzelnen Abläufen, aber das ließ man ihn fast nie spüren.

Natürlich gab es auch Probleme. Der Kopierer war eins davon. Martina, die Frau aus der PR-Abteilung, hatte ihm erklärt, wie das Papierfach aufgefüllt wurde. Ganz einfach.

„Hier das Papier auffüllen, den Hebel umlegen, einschieben, fertig", hatte sie gesagt.

Beim ersten Mal blieb das Papier stecken.

„Du lernst das noch", meinte Martina.

Sie zeigte es ihm nochmal. Als das Papier wieder den Kopierer blockierte, sagte sie: „Ist doch ganz einfach, du darfst nur den Hebel nicht vergessen."

„Klar", gab Bastian zurück, es war ihm peinlich.

Als das Papier beim dritten Mal stecken blieb, wollte er das Problem ohne Martina lösen.

Das klappte aber nicht. Es half nichts, er musste Martina holen.

Sie war genervt.

„So ungeschickt anstellen kann man sich doch gar nicht", sagte sie ärgerlich.

„Entschuldigung", murmelte Bastian.

„Wenn nichts mehr geht, dann einfach den Stecker ziehen, die Klappe aufmachen und das Papier herausziehen", sagte sie.

Im September begann die Berufsschule. Zwei Tage Unterricht, drei Tage Büro. Alles lief glatt. Wenn Bastian morgens, genau um zehn vor acht, in den Fahrstuhl stieg, fühlte er sich gut. Er war Mitarbeiter einer großen Firma, er gehörte irgendwie dazu. In den ersten Wochen lernte er die einzelnen Abläufe in den verschiedenen Abteilungen kennen. Irgendwann durfte er seine erste Statistik für die Kostenentwicklung in den letzten drei Jahren erstellen. Das war zwar eine Übungsaufgabe, aber er bekam es ziemlich gut hin. Der Teamleiter lobte ihn. Natürlich musste er auch Kaffee kochen, den Konferenzraum für Besprechungen vorbereiten und manchmal die Papierkörbe leeren, obwohl das eigentlich die Aufgabe der Putzkolonne nach Feierabend war.

„Warum muss ich den Dreck wegmachen", dachte er genervt. „Nicht ärgern", sagte er sich. Nein, es war alles wunderbar, wirklich.

Manche Sachen fand Bastian einfach öde. 30-mal Verträge kopieren und die Seiten sortieren. Unterlagen abheften, immer die gleichen Handgriffe. Der Gang zur Post war da eine echte Abwechslung. Aber irgendwann wurde auch das langweilig. Immer das gleiche Programm, nie irgendetwas Spannendes.

Einmal kam er aus dem Aufzug und stellte sich vor, er wäre ein berühmter Filmstar. Jemand wollte ein Autogramm, Scheinwerfer gingen an, Kameras surrten. „Hi Leute, schön euch zu sehen", sagte Bastian in Siegerpose. „Was ist denn mit dir los?", fragte Martina, die ihm gerade mit einem Becher Kaffee entgegenkam.

Wie oberpeinlich war das nur! Bastian wurde knallrot und verzog sich schnell.

„Vergiss es", dachte er. Er war nun mal hier und konnte froh sein, dass alles so gut lief. Keine dummen Gedanken, keine Zweifel, sonst … Manchmal dachte er auch an Särge und Leichenwagen und dann grinste er still in sich hinein.

Zu den Leuten aus seiner ehemaligen Klasse hatte er kaum mehr Kontakt. Dafür fand er neue Kontakte in der Berufsschule. Mit einem Jungen, Tobias, ging er manchmal ins Kino. Tobias stand auf Westernkomödien.

Fatma fehlte ihm. Sie sahen sich ab und zu am Wochenende, aber nicht jedes. Sehr oft kam etwas dazwischen.

Das letzte Wochenende war er in Köln gewesen. Fatma hatte ihm ihren Arbeitsplatz gezeigt. Eine kleine Modefirma in der Kölner Südstadt. Vier Mitarbeiterinnen und die Chefin. Sie machten alle möglichen Sachen. Fatma hatte auch schon ihr erstes Kleid genäht. Stolz zeigte sie es ihm.

Fatma war rundum glücklich, das konnte Bastian sehen. Da gab es nichts, was ihr an ihrem neuen Leben nicht gefiel. Und er? Er hätte gern mit ihr über seine Zweifel geredet. Aber irgendwie kam es an dem Wochenende nicht dazu. Die Zeit verging viel zu schnell. Schon war Montagmorgen, und Bastian ging wieder in die Firma.

Sollte das ewig so weitergehen?

Bastians Eltern freuten sich, dass es so gut lief. Bastians Vater war sogar richtig stolz.

„Der kann richtig Karriere da machen. Der kann einmal zur ‚rechten Hand‘ seines Chefs aufsteigen", hörte er einmal seinen Vater sagen, als er mit irgendwem telefonierte. „Wer hätte das von unserem Bastian gedacht! Ja, er hat seinen Weg gefunden." „Seinen Weg gefunden", dachte Bastian, „was für ein affiger Spruch." Aber sein Vater platzte fast vor Stolz.

Ungefähr zwei Monate später sollte Bastian etwas aus dem Archiv im Keller holen. Er schaltete das Licht ein. Drei hohe Regalwände voller Aktenordner. Er sah sich um. Plötzlich wurde ihm schwindelig. Er setzte sich auf den Boden. Genauso wie diese verstaubten Akten würde sein Leben verlaufen. Papiere, Zahlen, Statistiken. Damit würde er seine Zeit verbringen. Ein Leben lang.

Er holte tief Luft, der Schwindel wurde besser. Er suchte den Aktenordner. Der roch muffig, da wurde ihm wieder übel.

„Irgendwas stimmt nicht", dachte er. Er wollte Fatma eine Nachricht schicken, hatte aber keinen Empfang.

„Das halt ich nicht mehr lange durch", dachte er und fuhr mit dem Aufzug nach oben.

Ein paar Tage danach betrat Bastian gleichzeitig mit der Personalchefin den Aufzug.

„Guten Morgen, Herr Richter", sagte sie. Bastian grüßte ebenfalls höflich.

„Wie gefällt es Ihnen denn bei uns?", fragte sie.

„Ganz gut", antwortete Bastian ausweichend.

„Aber?", fragte sie und lächelte. „Das klingt nach einem Aber …"

„Nein wirklich", sagte Bastian verlegen.

„Sie kommen doch gut zurecht", hakte sie nach. „Oder gibt es irgendwelche Probleme?"

„Nein, keine Probleme." Er zögerte, dann fragte er: „Kann ich Sie nachher mal sprechen?"

Sie sah ihn erstaunt an.

„Aber sicher. Um zehn."

Der Aufzug war da, Bastian schlüpfte hinaus und ging schnell in das Büro, in dem er seinen Schreibtisch hatte.

Er schrieb eine Nachricht an Fatma: ‚Ich hab keinen Bock mehr.'

Fatma antwortete nicht.

„Ich muss das jetzt durchziehen", dachte er. „Ich bin kein Bürokaufmann."

In seinem Kopf wirbelten die Gedanken durcheinander. „Ich ziehe das durch. Ich will nicht mehr. Reiß dich zusammen. Alles Scheiße. Ich kann nicht mehr."

Der Kampf in seinem Kopf war noch längst nicht entschieden, als er an die Tür zum

Personalbüro klopfte. Er holte einmal tief Luft und trat ein.

„Setzen Sie sich, Herr Richter", sagte die Chefin und zeigte auf die bequemen Lederstühle. „Was kann ich für Sie tun?"

Die Frau war so verdammt freundlich.

Er wusste nicht, wie er anfangen sollte.

„Ich …" Dabei hatte er sich tausend Mal überlegt, was er sagen würde: Ich möchte hier aufhören. Ich kann diesen Beruf nicht machen. Es ist nicht mein Beruf. Das ist kein Leben für mich. Solche Sätze eben, aber jetzt kam erstmal gar nichts.

Sie wartete.

„Ich kann das nicht mehr machen", sagte er leise. „Ich möchte kündigen."

Jetzt war es ausgesprochen.

„Es ist nicht, weil ich mich hier nicht wohlfühle, überhaupt nicht. Alle sind total nett und …"

„Das war also das Aber im Fahrstuhl", sagte die Personalchefin. „Ich nehme an, Sie haben sich das gründlich überlegt?"

„Ja, hab ich."

„Ich nehme auch an", fuhr sie fort, „dass es keine Entscheidung ist, die Sie mal eben so spontan getroffen haben?"

„Nein, hab ich nicht."

Sie nickte und sagte: „Wir verlieren Sie ungern. Das kann ich sagen. Die Kollegen und Kolleginnen sprechen positiv von Ihnen. Sie sind fleißig, arbeiten konzentriert …"

Bastian schwieg und biss sich auf die Unterlippe. Sie machte es ihm nicht leicht. Beinahe hätte er jetzt gesagt, dass er es sich ja noch mal überlegen könnte. Aber er sagte es nicht.

„Ich merke auch, dass Ihnen diese Entscheidung nicht leicht gefallen ist. Liege ich richtig damit?"

Bastian nickte.

„Ich respektiere Ihre Entscheidung", sagte sie. „Es gibt allerdings eine Kündigungsfrist. Sie können also erst Ende des Monats aufhören. Ist das okay für Sie?"

Bastian nickte. Noch drei Wochen Büroluft, das würde er schaffen.

„Gut", sagte sie. „Dann werden wir uns jemand Neuen suchen müssen."

Die drei Wochen bekam Bastian irgendwie rum. Seinen Eltern sagte er nichts von der

Kündigung. Mit Fatma telefonierte er und berichtete von seiner Entscheidung.

„Ich weiß nicht, ob das richtig ist", zweifelte sie. Er versuchte, es ihr zu erklären, aber irgendwie gelang es ihm nicht. Sie war so weit weg, hatte ihre Ausbildung, war glücklich damit … und er hatte nichts.

Dann kam sein letzter Arbeitstag. Er verabschiedete sich von allen. Sie waren immer noch freundlich, aber er gehörte schon nicht mehr dazu. Als er die Firma verließ, fühlte er sich verdammt einsam.

„War das jetzt der größte Fehler meines Lebens?", fragte er sich.

Nein, war es nicht. Auch wenn er jetzt eine Menge Stress bekommen würde. Er musste einen Beruf finden, der ihm Spaß machte. Und das war definitiv nicht Bürokaufmann.

Am nächsten Morgen tat er so, als würde er ganz normal ins Büro gehen. Er trieb sich den ganzen Tag in der Stadt herum, streifte durch die Kaufhäuser. Eine Zeit lang sah er Bauarbeitern zu, dann fuhr er mit der

Linie 9 bis zur Endstation und wieder zurück. Er fühlte sich eigentlich nicht schlecht. Nein, er fühlte sich befreit. Aber die ungewisse Zukunft machte ihm auch Angst.

Abends versuchte er, Fatma auf dem Handy zu erreichen, doch sie hatte nur die Mailbox an. Darauf mochte er nichts sprechen.

Drei Tage hielt er diesen Zustand durch. Länger nicht. Es hatte angefangen zu regnen. Er kam ziemlich nass zu Hause an. In der Küche saßen seine Eltern. Auf dem Tisch stand eine Schüssel mit seinem Lieblingssalat, Tomate und Gurke. Aber er setzte sich nicht zu ihnen. Er holte sich ein Glas, goss sich Mineralwasser ein, trank und stellte das Glas auf die Anrichte. Dann drehte er sich zu seinen Eltern um.

„Ich hab die Ausbildung geschmissen."

Einen Moment herrschte Stille. Seine Mutter griff nach der Hand ihres Mannes. Der zog die Augenbrauen zusammen.

„Sag das noch mal …"

„Ich kann kein Bürogrufti werden."

Bastians Mutter wurde bleich. Bastians Vater schnappte nach Luft.

„Ich finde was anderes", sagte Bastian.

„Ich glaub es nicht", sagte Bastians Vater leise.

„Warum denn nur?", fragte die Mutter.

„Es ist einfach nur öde", erklärte Bastian.

„Ach öde?", rief Bastians Vater. „Für meinen Herrn Sohn ist arbeiten öde? Und was meinst du, was ich den ganzen Tag mache? Damit du deine Brötchen hast? Hä?"

Was sollte Bastian dazu sagen? Er schwieg.

„Ich hab dich gewarnt", sagte der Vater.

„Und ich lasse mich von dir nicht verarschen. Kapiert?"

Bastian schluckte.

„Ob du das kapiert hast?", schrie der Vater.

Bastian starrte seinen Vater nur an.

„Also pack deine Sachen und verschwinde", sagte der Vater wieder ganz leise und machte eine wegwerfende Handbewegung.

„Verschwinde einfach!"

„Aber Ernst", rief Bastians Mutter. „Du kannst doch den Jungen nicht …"

„Doch", sagte der Vater. „Doch, das kann ich und das tue ich. Ich setze ihn auf die Straße."

„Wie …?" Bastian wurde bleich. „Ich soll …"

In diesem Moment explodierte Bastians Vater.

„Raus! Raus aus meiner Wohnung! Du hast ja keine Ahnung! Hau ab!"

Bastians Mutter sprang auf und griff nach der Hand ihres Mannes, aber er schubste sie weg.

„Lass mich! Dein Herr Sohn ist einfach nur ein verwöhntes Muttersöhnchen. Er soll mal sehen, wie das wirkliche Leben ist!"

„Ernst, bitte …" Die Mutter war den Tränen nahe. „Wir können doch über alles reden!" Sie schluchzte, sank auf den Stuhl und fing schrecklich an zu weinen.

„Aber ich …", stotterte Bastian.

„Du bist ja noch immer da!", schrie der Vater. „Hör auf, zu weinen! Ich …"

Bastian konnte es nicht mehr ertragen.

Er stürzte in sein Zimmer, suchte seinen Rucksack, stopfte ein paar Sachen rein.

Seine Mutter kam.

„Aber Bastian, bitte, erklär mir doch …", jammerte sie.

„Da gibt es nichts zu erklären", zischte Bastian durch die Zähne. „Der ist einfach durchgeknallt. Der tickt doch nicht mehr ganz richtig!"

„Aber wo willst du denn hin?"

„Keine Ahnung", erwiderte Bastian.

Als er zur Wohnungstür ging, stand der Vater in der Küchentür und ballte die Fäuste, als würde er jeden Moment zuschlagen.

„Ernst, bitte!" Bastians Mutter klammerte sich an den Vater.

Ehe sich der Vater auf ihn stürzte, sah Bastian lieber zu, dass er schnell die Kurve kratzte. Weg, nur weg. Raus in den Regen. Egal, nur weg.

Dann stand er auf der Straße und der Regen lief ihm übers Gesicht.

12

Er rannte einfach drauflos. Die Tasche über der Schulter, irgendwohin. Der Regen störte ihn nicht. Laufen tat gut. In der Innenstadt war noch ziemlich viel Betrieb, überall Autos und Menschen. Er überquerte eine Straße bei Rot. Autos hupten. Nur immer weiter. Leere im Kopf.

Der Regen hörte auf.

Er landete im Bahnhof. Bastian dachte an Fatma. Sie fehlte ihm so sehr. Langsam konnte er wieder klarer denken. Er musste irgendwo unterkommen. Zu Tobias? Unschlüssig verließ er den Bahnhof wieder. Er wusste gar nicht, wo Tobias wohnte. Als er in den Stadtpark kam, wischte er mit dem Ärmel eine Bank trocken und setzte sich. Er fühlte sich völlig erledigt. Erschöpft und beschissen.

Es wurde dunkel.

Er legte sich auf die Bank, den Rucksack benutzte er als Kopfkissen. Es war unbequem, ihm wurde kalt. Er stand wieder auf und lief durch den dunklen Park. Irgendwo hörte er grölende Stimmen. Dann kam er an einem Kiosk vorbei. Alles geschlossen. Er setzte sich in eine Ecke unter dem Vordach und lehnte den Kopf an die Wand. Er versuchte zu schlafen.

Plötzlich hörte er schlurfende Schritte. Eine dunkle Gestalt tauchte auf. Jemand stieß ihn mit dem Fuß an.

„He, verschwinde!", brummte die Gestalt.

„Das ist mein Platz."

„Aber wieso?", fragte Bastian verunsichert.

„He, mach 'ne Biege!", schimpfte die Gestalt und trat Bastian in die Seite.

Bastian sprang auf. Ein Mann stand vor ihm und sah ihn böse an.

„Wird's bald?!"

Bastian hatte nicht die Kraft, sich mit dem Typ anzulegen. Er verzog sich lieber.

„Arschloch", brummte er.

Wo sollte er hin?

Am Ende des Parks fand er am Zaun unter einem Gebüsch einen Platz, der einigermaßen trocken war. Es stank nach Urin. Bastian legte sich trotzdem dorthin. Er konnte nicht mehr. Er fühlte sich wie der letzte Loser.

Wie ein Stück Dreck. Außerdem taten ihm
die Rippen weh. Genau dort, wo der Mann
ihn getreten hatte. Er versuchte, an Fatma zu
denken, an irgendwas Schönes. Aber das
klappte nicht. Er hätte genauso gut tot sein
können. Und keinen Menschen hätte das
interessiert. Er schloss die Augen. Irgendwann schlief er tatsächlich ein.

Eine feuchte Hundeschnauze weckte ihn.
„Hau ab, du Köter", murmelte er und ver-
scheuchte den Hund.
Ihm war eiskalt. Mühsam rappelte er sich
auf. Er nieste. Er hatte keine Ahnung, wie
spät es war. Er zog wieder los. Allmählich
wurde es dämmrig.
Er könnte zu Fatma gehen. Aber die war
ja nicht da. Aber irgendwo musste er hin.
„Scheiße!", fluchte Bastian. Und dann schrie
er ganz laut: „Alles Scheiße!"
Trotzdem, vielleicht würde Fatmas Familie
ihn aufnehmen? Ihm war so schrecklich kalt,
er wollte nur noch ins Warme.
Also machte er sich auf den Weg. Als er vor

dem Reihenhaus stand, sah er Licht in einem Fenster. Er klingelte. Fatmas Mutter öffnete die Tür.

„Bastian, was ist denn mit dir passiert?"

Sie war richtig schockiert über sein Aussehen.

„Komm rein!"

Bastian ließ die Tasche fallen, zog die Schuhe aus und stand verloren im Flur.

Die Familie war gerade aufgestanden.

Fatmas kleiner Bruder Ahmet kam aus dem Wohnzimmer, musterte ihn neugierig und fragte: „Spielst du mit mir? Fatma ist nicht da."

Fatmas Mutter schickte ihn weg und brachte Bastian in die Küche.

„Wir machen gerade Frühstück. Hier, trink was Heißes. Was ist los?"

„Mein Vater hat mich rausgeworfen", antwortete Bastian.

Er erzählte kurz, was passiert war.

„Die ganze Nacht hast du dich herumgetrieben?"

Bastian schluckte, beinahe hätte er jetzt angefangen zu weinen.

„Dein Vater beruhigt sich schon wieder", meinte Fatmas Mutter. „Und solange bleibst du natürlich hier. Du kannst in Fatmas

Zimmer schlafen. Kein Problem, wirklich."
Bastian war froh, dass er hier gelandet war.
Fatmas Mutter machte für alle etwas zu essen.
Auch Fatmas Vater hatte nichts dagegen,
wenn Bastian erst einmal hierblieb. Sarah,
Fatmas Schwester und Ahmet freuten sich.
Sie mochten Bastian. Dann verließen alle
das Haus. Die Kinder gingen zur Schule,
die Eltern zur Arbeit.
Bastian war allein. Zuerst duschte er heiß,
dann legte er sich auf Fatmas Bett. Er war
erschöpft und schlief sofort ein.

Mittags kam zuerst Fatmas Mutter nach
Hause, dann die beiden Geschwister, die
Bastian sofort vereinnahmten. Sarah half er
bei den Schularbeiten, Ahmet wollte mit ihm
Lego bauen. Es gab Mittagessen, danach
ging Bastian mit Ahmet zum Judotraining.
Er sah zu, wie die Kids ihre Würfe übten.
Abends kam der Vater. Er arbeitete als In-
dustriekaufmann und wollte von Bastian
wissen, warum er so eine gute Ausbildung
geschmissen hatte.

Bastian versuchte, es ihm zu erklären. Fatmas Vater war ganz anders als sein eigener, verständnisvoller. Er konnte richtig zuhören und gab nicht überall seinen Senf dazu.

„Du brauchst einfach ein bisschen Zeit", sagte er. Aber er meinte auch, Bastian müsse seine Eltern informieren.

Er hatte Recht, also telefonierte Bastian kurz mit seiner Mutter und sagte, wo er war.

Das war natürlich kein Dauerzustand. Obwohl Ahmet und Sarah es toll fanden, dass Bastian immer da war. Irgendetwas musste passieren. Er müsste zum Berufsberater gehen, neue Bewerbungen schreiben, eine Ausbildungsstelle finden. Oder zumindest einen Aushilfsjob. Aber Bastian konnte sich nicht aufraffen. Wenn er daran dachte, verkrampfte sich alles in ihm. Er hockte in Fatmas Zimmer, hörte Musik, kaute an den Nägeln und fühlte sich verloren. Dann war er froh, wenn Ahmet ihn mit Judotricks ablenkte. Das ging ein paar Tage so. Bis Fatmas Vater ihm einen Vorschlag machte.

„Ich habe 'nen Tipp von einem Freund bekommen. Er beliefert immer den Zoo mit Gemüseresten. Er hat gehört, dass im Zoo ein Lehrling abgesprungen ist. Da ist eine Lehrstelle frei.

Als Tierpfleger. Was hältst du davon?"

Bastian dachte an die Nacht auf der Parkbank.

„Tierpfleger, Fachrichtung Zoo", wiederholte der Vater.

„Tierpfleger", dachte Bastian, „das ist so weit weg, wie 'ne Landung auf dem Mond."

„Ich weiß nicht …", grübelte Bastian laut.

„Denk mal darüber nach", sagte der Vater.

„Nur solltest du dich schnell entscheiden. Das ist eine begehrte Ausbildung, da bewerben sich sicher viele. Und was kannst du dabei verlieren? Warum nicht etwas ausprobieren, woran du vorher noch nie gedacht hast? Bestimmt ist es ein abwechslungsreicher Beruf. Es ist eine Chance."

„Gut", sagte Bastian. „Ich denke darüber nach." Und das tat er, einen ganzen Tag lang.

Dann entschied er sich, es zu versuchen.

13

„D u bist also der junge Mann, der unbedingt Tierpfleger werden will?",
sagte die Zoodirektorin, als Bastian zum Vorstellungsgespräch erschien.

Bastian nickte. Was hatte der Freund von Fatmas Vater bloß erzählt?

„Stimmt, ich mag Tiere", antwortete Bastian.

„Ja, der hat ja ganz begeistert von dir gesprochen. Von deiner Tierliebe und was du alles weißt über die Tierwelt Afrikas und so. Und dein Abschlusszeugnis spricht ja auch für dich."

Die Zoodirektorin machte eine Pause.

Bastian wartete.

„Wir haben Personalnotstand", erklärte sie. „Wir brauchen dringend Leute. Ich denke, wir versuchen es einfach mit dir. Die Einarbeitung müssen wir uns sparen. Das Ausbildungsjahr hat ja schon angefangen."

Bastian nickte.

„Ich regle das mit der Berufsschule. Du kannst Montag anfangen. Francisco ist für dich zuständig."

Das war alles.

Bastian konnte es nicht fassen. Jetzt hatte er eine Ausbildung für einen Beruf, den er sich nie hätte träumen lassen. Aber vielleicht war das ja von Vorteil.

Und abbrechen … Nein, daran durfte er nicht denken.

Montagmorgen nahm ihn Francisco in Empfang. Francisco war ausgebildeter Tierpfleger, zuständig für Kängurus, Giraffen und andere Huftiere. Er kam aus Spanien und sprach mit den Tieren, als würden sie jedes Wort verstehen. Die Kängurus waren seine große Liebe.

„Hallo, Klara, hallo Robbi, wie geht's? Buenos dias. Alles okay?", begrüßte er morgens als Erstes die Kängurus.

Bastian sah gespannt zu. Die Tiere reagierten sofort auf Franciscos Stimme und kamen angesprungen. Francisco öffnete den Stall, Bastian folgte ihm hinein. Drinnen roch es nach Heu. Eine Wärmelampe verbreitete ein angenehmes Licht. Klara und Robbi kamen sofort durch die mit einem Sack verhängte Öffnung. Als sie den Fremden bemerkten, zögerten die Tiere misstrauisch.

„Das ist Bastian", sagte Francisco und ging in die Hocke. „Wenn du mit Kängurus zu tun hast, musst du dich hinknien. Aufrechte Menschen sind feindlich", erklärte Francisco.

Bastian hockte sich neben den Tierpfleger.

Die Kängurus kamen vorsichtig näher.

Francisco kraulte sie und redete mit ihnen.

Mal Spanisch, mal Deutsch.

Sie hatten große, aufmerksame Augen, mit den Nasen schnupperten sie.

„Sag was!", forderte Francisco Bastian auf.

„Sie wollen deine Stimme hören."

„Hallo", sagte Bastian. „Ihr seid aber schön."

Darauf machte Klara eine elegante Bewegung und stand vor Bastian. Sie beroch ihn.

„Du kannst sie streicheln", sagte Francisco.

Bastian streckte vorsichtig die Hand aus.

Klara schnupperte, kam noch etwas näher, dann knabberte sie an Bastians Jeans.

Bastian kraulte sie am Hals. Er war total überrascht, das Känguru Klara hatte samtweiches Fell.

„Hola", sagte Francisco. „Jetzt habt ihr Freundschaft geschlossen. Jetzt können wir uns an die Arbeit machen."

Und das taten sie.

Zuerst gingen sie zum Giraffengehege.
Bastian sollte das Freigelände säubern.
Den Dung zusammenharken und wegbringen,
trockenes Laub und Futterreste einsammeln,
die Tränke auswischen, säubern und frisches
Wasser einfüllen. Erst dann wurden die
Giraffen aufs Freigelände gelassen und die
Arbeit ging im Haus weiter. Wieder misten,
frisches Heu in die Futterkörbe füllen und
zum Schluss den Besuchergang ausfegen.
Also das ist jetzt meine Arbeit, dachte Bastian.
Aber er fand es okay.
Abwechslung gab es, als sie nach der Mittagspause einen neuen Baumstamm ins Affen-
gehege brachten. Der Baumstamm musste
über einen Bachlauf gehängt werden. So eine
Art Schaukelbrücke für die Affen. Der Stamm
war schwer. Zu viert schafften sie es gerade,
ihn anzuheben und in die Kettenschlaufen
zu hängen.
„Bravo", lobte Francisco, als sie damit fertig
waren. Die Affen wurden aufs Gelände gelassen. Bastian beobachtete, wie sie ihre neue
Brücke misstrauisch beäugten. Sie trauten

sich nicht sofort darauf. Ein alter Pavian wagte sich als Erster darüber und brüllte. Bastian lachte.

Danach durfte er die Besucherwege harken, Papierkörbe leeren, Müll einsammeln.

„Wo bitte sind denn die Löwen, junger Mann?", fragte ihn eine Frau mit einem kleinen Jungen an der Hand.

„Wer ist das?", fragte der Junge.

„Ich bin Tierpfleger", antwortete ihm Bastian, irgendwie stolz.

Leider wusste er überhaupt nicht, wo die Löwen waren. Das war ihm peinlich.

„Da vorn ist ein Wegweiser", sagte er.

„Da finden sie alles."

„Was macht der?", fragte der Junge seine Mutter.

„Der kümmert sich um die Tiere", erklärte sie ihm. Sie zogen davon.

Kurz vor Feierabend fütterten sie noch die Kängurus. Klara kam gleich zu Bastian. Er kniete sich hin und hielt ihr frisches Gras hin. Sie fraß ihm aus der Hand. Er streichelte das weiche Fell und redete mit ihr.

Der erste Tag war wie im Flug vergangen. Als sich Bastian auf den Heimweg machte,

fühlte er sich irgendwie … Er konnte gar
nicht genau sagen, wie er sich fühlte. Gut,
klar, etwas erschöpft, aber nicht kaputt.
Zufrieden eben. Und stolz.

Natürlich blieb nicht alles so locker easy.
Wirklich nicht. Die Arbeit war manchmal hart.
Es gab viel zu tun: Ställe ausmisten, Heu-
ballen verteilen, Gemüse klein schneiden,
wieder ausmisten, Gehege ausfegen, Papier-
körbe leeren und und und … Mit Francisco
verstand er sich gut. Mit den anderen
Tierpflegern auch, nur mit Gunther nicht.
Gunther mochte ihn nicht.
„He, nicht rumstehen!", fuhr ihn Gunther
an, als Bastian einmal den Giraffen zusah.
„Du bist hier nicht zum Vergnügen!"
Gunther suchte Streit.
„Du hast die Essensreste in der Futterküche
vergessen!", schimpfte er.
„Hab ich doch längst weggebracht",
gab Bastian zurück.
„Aber du hast nicht sauber gemacht,
das gehört auch dazu."

Bastian war sich sicher, dass er es getan hatte. Aber er ging noch mal in die Futterküche und wischte die Eimer aus.

Gunther beschwerte sich auch bei der Zoodirektorin über ihn, weil er angeblich den Giraffen nasses Heu gefüttert hätte. Was sich allerdings als falsch herausstellte. Zum Glück. Wenn er wieder mal drei Stunden nur Mist geschippt hatte, glaubte Bastian, er wäre auf einem fremden Planeten gelandet, auf dem es nur Tiere gab, die nichts als Scheiße produzierten. Dann wäre er am liebsten weggerannt. Aber er beherrschte sich.

An manchen Tagen fühlte sich Bastian einfach schlecht. Vielleicht weil Fatma so weit weg war und sie sich immer seltener sahen? Er hatte Sehnsucht nach ihr. Nach ihrer Nähe, ihrem schönen Mund, der manchmal so süß schmollen konnte. Er hätte ihr gerne erzählt, wie er sich fühlte. Aber per Handy ging das irgendwie nicht.

Dann schlich er in den Stall von Klara und Robbi. Die beiden Kängurus kamen sofort an, denn er brachte ihnen immer eine Möhre oder einen Apfel mit. Er streichelte sie und sprach mit ihnen.

„Wie geht es euch denn?", fragte Bastian. „Alles super bei euch? Ihr seid überhaupt die Besten im ganzen Zoo."

Im Stall fühlte sich Bastian unbeobachtet. Er vergaß die Zeit. Dann ging es ihm etwas besser.

„Du hast wirklich ein Händchen für Tiere", meinte Francisco eines Tages. „Du begegnest ihnen mit Respekt. Du wirst bestimmt ein guter Tierpfleger."

Über dieses Lob freute sich Bastian riesig. Ja, das wollte er, ein guter Tierpfleger werden. Er würde das durchziehen, egal, was kommen würde. Der Beruf machte ihm Spaß.

NACHWORT

Ein halbes Jahr war ungefähr vergangen.
Bastian wohnte wieder zu Hause bei seinen
Eltern. Die hatten sich irgendwann wieder
beruhigt. Die Versicherung der Gärtnerei hatte
den Schaden am Bagger übernommen.
Das war also geregelt.

„Na ja, Tierpfleger", hatte sein Vater gesagt,
„ist ja nichts Besonderes …"

„Aber es ist ein schöner Beruf", entgegnete
die Mutter.

„Naja, interessant eben", hatte Bastian
gesagt.

„Hauptsache, du schmeißt es nicht wieder
hin", meinte der Vater.

Bei der Vorstellung machte die Mutter ein
richtig entsetztes Gesicht.

„Mach ich nicht", hatte Bastian sie beruhigt.

„Wir könnten doch mal in den Zoo gehen?",
hatte die Mutter vorgeschlagen.

„Ich kann euch alles zeigen", hatte Bastian
angeboten.

„Vielleicht", hatte Bastians Vater gemeint.
„Wenn mein Rücken besser ist."

Ein paar Tage später, mitten in der Nacht,
so um Viertel nach drei, klingelte das Telefon.
Schrill und aufdringlich.
Bastian wälzte sich auf die andere Seite.
Das Telefon im Flur hörte nicht auf.
Erschrocken riss Bastian die Augen auf. Was
war los? Als er kapierte, was da so einen Lärm
machte, wusste er sofort Bescheid. Er sprang
aus dem Bett, nahm den Hörer ab, sagte
hastig: „Ich komme. Bin schon unterwegs."
Er zog sich eilig an, trank einen Schluck
Wasser. Dann machte er sich auf den Weg.
Mit dem Fahrrad. Nach zwanzig Minuten war
er im Zoo. Francisco erwartete ihn im Giraffengehege.
Die Giraffe Vigo würde ein Junges bekommen.
Francisco und eine andere Pflegerin, Luisa,
waren schon die ganze Nacht bei ihr. Da alles
in Ordnung war, brauchte kein Tierarzt dabei
sein. Vigo war von den anderen Giraffen
abgetrennt in einem Stall mit viel Stroh unter-
gebracht.
„Sie hat schon die ersten Presswehen", teilte
Franceico mit, als Bastian in den Stall kam.

„Scheint alles bestens."

Die Giraffe warf nur kurz einen Blick zu Bastian. Sie stand mit gespreizten Hinterläufen da und kaute Heu.

Bastian war aufgeregt. Er würde bei einer Giraffengeburt dabei sein. Wow! Die Presswehen wurden stärker, die Giraffe zitterte.

Da sah Bastian, wie langsam das Jungtier herauskam.

„Fällt das da jetzt einfach raus?", fragte sich Bastian. „Müssen wir das denn nicht auffangen? Das waren ja mindestens 2 Meter Höhe!"

Aber das Giraffenbaby kam Stück für Stück aus dem Becken von Vigo. Zuerst zwei kleine Hufe, dann die Hinterläufe. Langsam, immer von einer Presswehe begleitet. Dann kam der Leib des Jungtieres, schließlich die Vorderläufe. Es hing da so in der Luft, baumelte ein bisschen. Wieder erzitterte Vigo stark. Jetzt sah man den Kopf. Die letzten Zentimeter fiel das Kleine ins Stroh. Vigo drehte den langen Hals, beroch das Neugeborene, leckte und stupste es an. Das Kleine wackelte mit den Ohren. Es versuchte, aufzustehen. Das klappte nicht.

„Es dauert ungefähr eine Stunde, bis es stehen kann", erläuterte Francisco leise.

Die drei setzten sich ins Stroh und sahen zu. Das Kleine wurde langsam munter. Immer wieder versuchte es, aufzustehen.

„Die erste Milch ist überlebenswichtig", führte Francisco aus. „Da sind Vitamine und Mineralstoffe drin. Und Antikörper."

„Biestmilch", sagte Luisa.

„Was?", fragte Bastian.

„Die erste Milch heißt so, Biestmilch."

Luisa grinste ihn freundlich an.

Und tatsächlich, nach ungefähr einer Stunde konnte das Kleine stehen. Zwar noch etwas wacklig und hilflos, aber immerhin. Vigo stellte sich so, dass das Kleine an die Zitzen heran-konnte. Aber die fand es nicht sofort. Es dau-erte fast noch mal eine Stunde, bis das Kleine trank.

„Geschafft", sagte Francisco stolz wie ein König.

„Super", sagte Luisa, stieß Bastian in die Seite und sagte: „Bei den Pinguinen läuft das aber anders. Kommst du mit auf einen Kaffee?"

„Klar", sagte Bastian. „Ist ja noch viel zu früh zum Misten."

Francisco blieb noch bei den Giraffen. Luisa und Bastian ließen sich am Automaten einen Latte Macchiato raus.

„Das ist doch einfach irre, so eine Giraffen-geburt", sagte Luisa.

Bastian nickte, das war es wirklich. Und dass er sich mit Luisa so gut verstand, fand er auch irre gut.

„Ich hab mich total in sie verknallt", dachte Bastian auf einmal. „Sie ist die tollste Tier-pflegerin, die ich kenne."

An Fatma dachte er nicht mehr so oft. Die Entfernung war einfach zu groß gewesen. Es funktionierte nicht. Das war schmerzhaft gewesen, für beide. Aber für Bastian ein bisschen mehr. Mittlerweile war es okay. Jetzt schrieben sie sich ab und zu eine Nachricht oder telefonierten. Aber mehr war nicht. Dafür wurde Luisa für Bastian immer wichtiger.

An einem Wochenende lud Bastian Luisa
ins Kino ein. Sie sahen eine total abgedrehte
Actionkomödie. Die beste Szene war eine
rasante Verfolgungsjagd in einem Leichenwagen. Bastian lachte laut. Leichenwagen,
damit kannte er sich aus. Er beugte sich zu
Luisa und nahm ihre Hand. Sie sah ihn an,
hielt den Kopf etwas schräg, als wollte sie
etwas fragen.

„Ich mag dich", sagte er leise.

„Ja", erwiderte Luisa, „das merke ich."

Und dann küssten sie sich.